AF267663

LES SOURCES

DE LA RÉGÉNÉRATION SOCIALE

LES SOURCES

DE LA

RÉGÉNÉRATION SOCIALE

PAR

L'Abbé A. GRATRY

DE L'ACADÉMIE FRANÇAISE

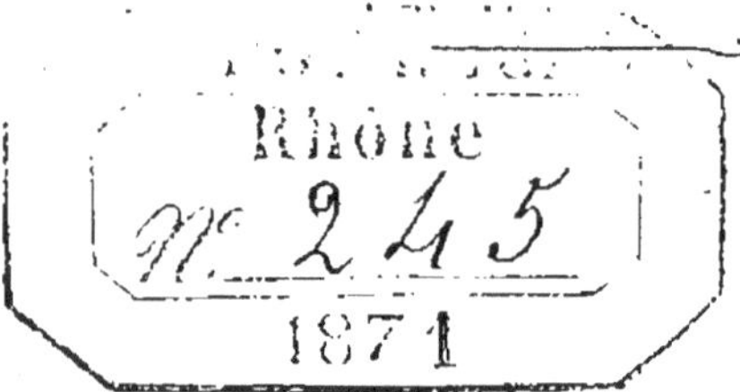

PARIS

FÉLIX GIRARD, LIBRAIRE ÉDITEUR

Rue Cassette, 30

LYON

MÊME MAISON, RUE SAINT-DOMINIQUE, 6

—

1871

PRÉFACE DE L'ÉDITEUR.

Le remède à nos maux est connu ; il est à la portée de tous : c'est l'accomplissement du devoir.

Voilà ce que nous démontre admirablement, et avec toute l'autorité du philosophe et du maître, l'auteur de cet écrit, petit volume dont l'efficacité sera grande s'il vient à être largement propagé.

Cet opuscule parut une première fois en 1848, sous le titre de *Demandes et Réponses sur les Devoirs sociaux*, et fut revêtu de l'approbation très-explicite de plusieurs évêques : les évêques de Quimper, de Langres et d'Orléans.

En 1848 et en 1870, des malheurs analogues demandent les mêmes remèdes ; aussi avons-nous prié M. l'abbé Gratry de nous autoriser à rééditer cet ouvrage depuis longtemps épuisé, et que l'auteur lui-même, au milieu de tant de richesses intellectuelles, semblait avoir oublié.

En consentant gracieusement à notre demande, M. l'abbé Gratry n'a fait à ces pages que des changements littéraires, sans altérer le fond, afin de laisser voir l'analogie et la différence des époques, de mesurer ainsi la profondeur des dernières chutes, et de montrer l'urgente nécessité du retour de tous au devoir.

L'Editeur.

Lyon, le 10 juillet 1871.

**

NOTE DE L'AUTEUR.

Juin 1871.

Nous réimprimons aujourd'hui ce volume tel qu'il fut écrit, il y a bientôt un quart de siècle, sous la dictée des événements et de l'aspect public de cette époque.

On y verra quelles espérances nous avions tous alors pour notre chère patrie. Aujourd'hui, après nos catastrophes, ces espérances paraîtront bien difficiles à maintenir. C'est qu'alors on voyait dans les âmes les prémices d'un réveil religieux, qui travaillait à rapprocher les cœurs. Aujourd'hui c'est une invasion d'athéisme et de haine, un esprit d'homicide qui entreprend de détruire la France.

Mais gloire à Dieu qui nous défend le désespoir!

Les chrétiens peuvent se réveiller, les chrétiens

peuvent s'unir. Tout homme qui conserve le sens moral et la raison est pour nous.

L'esprit de l'ère nouvelle peut encore expulser Satan et nous sauver.

A. GRATRY,
De l'Académie française.

LETTRE DE M. CHAPOT,

REPRÉSENTANT DU PEUPLE,

A M. L'ABBÉ GRATRY.

———

MON CHER AMI,

Vous trouverez, sous ce pli, trois lettres qui vous prouveront que je ne suis pas seul à penser du bien de votre excellent travail; nos trois évêques représentants en font grand cas, et cette approbation me paraît trop utile à la propagation de nos idées, pour que je ne considère pas l'impression de ces lettres en tête de votre livre comme la meilleure préface à lui donner.

Tout à vous de cœur.

F. CHAPOT,
Représentant du peuple.

Juillet 1848

LETTRES

DE NN. SS. LES ÉVÊQUES DE QUIMPER, DE LANGRES ET D'ORLÉANS

A M. CHAPOT,

REPRÉSENTANT DU PEUPLE.

LETTRE DE L'ÉVÊQUE DE QUIMPER.

Paris, le 23 juillet 1848.

MONSIEUR,

J'ai lu avec un grand intérêt les *Demandes et Réponses sur les Devoirs sociaux;* j'ai cru y reconnaître les qualités les plus nécessaires à ce genre de productions : exactitude, précision, clarté. Je désire qu'il se répande, car il peut faire beaucoup de bien.

Agréez, Monsieur, mon bien sincère hommage.

✝ J. M.,
Evêque de Quimper.

LETTRE DE L'ÉVÊQUE DE LANGRES.

Paris, le 23 juillet 1848.

MON CHER MONSIEUR,

J'ai lu avec un vif intérêt l'opuscule ayant pour titre *Demandes et Réponses sur les Devoirs sociaux.* Mon avis très-positif est que l'on n'a encore rien publié en cette matière de supérieur à cet écrit pour la netteté des aperçus, la justesse des jugements, et la lumière toute nouvelle qu'il répand sur des sujets nouveaux et généralement mal compris. Je fais donc des vœux bien sincères pour que ce précieux travail soit livré au public, et je vous remercie de m'en avoir procuré la lecture. C'est un nouveau titre aux sentiments de haute estime et du particulier attachement que j'aime à professer pour vous.

† P. L.,
Evêque de Langres.

MON CHER COLLÈGUE,

Vous me demandez ce que je pense du Catéchisme
social que vous avez bien voulu me communiquer.
Je vous dirai d'autant plus volontiers ce que je pense
que mon opinion est entièrement favorable à cet excellent petit ouvrage ; il est plein d'esprit et de sens,
et il annonce dans son auteur une profonde connais-
sance de la religion et de ses rapports avec tous les
besoins des sociétés humaines ; il renverse par des rai-
sonnements à la portée de toutes les intelligences ces
modernes systèmes qui, sous des noms divers, ten-
dent à ramener la barbarie sur la terre. Il est à dési-
rer que ce petit Catéchisme soit imprimé le plus tôt

possible et répandu dans les écoles ; sans être prophète, je lui prédis un grand succès.

Recevez, mon cher collègue, l'assurance de mes sentiments les plus affectueux.

† J. J.,
Evêque d'Orléans.

Juillet 1848.

Ce 27 juin 1848

Je viens de quitter l'Archevêque mourant. J'ai baisé sa main vénérable. Je rentre tout plein de sa dernière parole : « Qu'il n'y ait plus de guerre civile parmi nous, et que mon sang soit le dernier versé! »

Mais que faire pour qu'il n'y ait plus de guerre civile parmi nous? Il faut que, comme le martyr qui meurt en ce moment, et comme Jésus-Christ son modèle, on apprenne à verser son sang plutôt que celui des autres. Il faut que l'esprit du Christ soit parmi nous, et nous enseigne enfin nos devoirs.

L'ignorance du devoir social est la source du sang dont Paris fume encore. Puisse l'esprit du Christ, mis en action et en lumière par la mort de ce vrai pas-

teur, chasser enfin de nos âmes incertaines les ténèbres de l'esprit d'homicide, de mensonge et d'iniquité!

A. GRATRY, *prêtre,*

Ancien élève de l'Ecole polytechnique.

VINGT ANS APRÈS !...

Juin 1871.

Vingt ans après, je vois le corps d'un autre Archevêque de Paris, percé de balles, lui aussi, au milieu de la plus monstrueuse guerre civile.

Ainsi le sang du premier martyr n'a pas été le dernier versé !

Celui-ci sera-t-il le dernier ?

George Darboy, prêtre de Jésus-Christ, a levé sa main pour bénir quand les fusils s'abaissèrent vers lui. Puisse cette bénédiction et celles des nobles et saints martyrs, Olivaint, Du Coudray, Captier, Deguerry et les autres, descendre sur la France entière pour y détruire enfin, s'il est possible, l'esprit d'homicide et de haine !

A. GRATRY,
De l'Académie française.

LES SOURCES

DE LA RÉGÉNÉRATION SOCIALE

I

LA SOCIÉTÉ.

D. L'homme est-il né pour la société ?

R. Oui ; la Sagesse éternelle a dit : *Il n'est pas bon que l'homme soit seul ; malheur à celui qui est seul !* L'individu n'a toutes ses forces que par la société, et sans la société l'individu est incomplet et mutilé. Il est aussi naturel à l'homme de s'unir à ses frères, qu'il est naturel au grain de blé de venir en épis et au raisin de venir en grappes. Si les hommes n'étaient groupés en société, l'humanité ne serait qu'un désert de sable et une aride poussière.

D. Y a-t-il plusieurs espèces de sociétés ?

R. Oui. Il y a la famille, première société naturelle, puis la patrie, et puis le genre humain.

D. N'y a-t-il pas d'autres espèces de sociétés ?

R. Oui. Il y a, outre ces trois sociétés naturelles, des associations volontaires et des sociétés libres, depuis la plus petite association industrielle ou littéraire jusqu'à la grande société religieuse qu'on appelle l'Eglise catholique, c'est-à-dire l'*assemblée universelle.*

D. Ces diverses sociétés peuvent-elles exister toutes ensemble sans se détruire mutuellement ?

R. Elles peuvent et doivent exister toutes ensemble en se corroborant mutuellement. De même que l'individu trouve son bien dans le bien social, et que la société, à son tour, trouve sa prospérité dans la prospérité individuelle, de même toutes les espèces de sociétés naturelles, ou volontaires et libres, trouvent leur bien dans le bien de l'ensemble, et la grande unité sociale trouve son bien dans celui de toutes les unités subordonnées.

D. Qu'appelez-vous des unités subordonnées ?

R. Les unités subordonnées sont, par exemple, l'unité individuelle subordonnée à l'unité de la famille, la famille subordonnée à l'unité de la patrie, et la patrie subordonnée à l'unité du genre humain, de même que chaque fruit d'un arbre est un dans la grande unité de la tige commune, et que chaque germe est un dans l'unité du fruit qui le renferme.

D. N'y a-t-il pas des doctrines qui veulent détruire les unités subordonnées pour fortifier l'unité principale?

R. Oui, il y a des doctrines qui prétendent détruire la famille pour fortifier l'unité de la patrie ; d'autres veulent détruire la patrie pour fortifier l'unité du genre humain.

D. Sur quoi sont fondées ces doctrines ?

R. Ces doctrines n'ont d'autre fondement qu'une profonde ignorance des lois universelles de l'homme et de la nature. Elles procèdent exactement comme le médecin qui conseillait à son malade de se faire crever un œil ou couper un bras pour fortifier la santé générale. Ces doctrines enseignent précisément le contraire de la vérité; elles ignorent cette loi universelle de la nature : que la perfection d'un ensemble vivant augmente avec celle des parties, et réciproquement, et que partout, soit dans le corps social, soit dans le corps humain, la force des unités subordonnées fait la force de l'unité plus générale qui les renferme. Toujours, en tout, le bien de l'un c'est le bien de l'autre, le mal de l'un c'est le mal de l'autre.

II

LE GENRE HUMAIN.

D. Le genre humain est-il une unité naturelle?

R. Oui, le genre humain est une unité naturelle. Il n'y a qu'une seule espèce humaine ; les contradicteurs de cette sainte vérité, écrite aussi bien dans les cœurs que dans les Livres saints, sont aujourd'hui démentis par la science.

D. Les hommes ont-ils toujours connu cette grande doctrine de l'unité du genre humain ?

R. La conscience et la raison l'ont toujours enseignée, mais les hommes l'ont fort peu comprise et bien moins pratiquée. Dans toute l'antiquité les peuples appelaient barbares les étrangers; aujourd'hui l'immense empire chinois appelle barbare tout ce que n'enferme pas sa muraille, et les missionnaires trouvent de petites îles de l'Océanie dont les pauvres habitants sauvages se croient les seuls' habitants du globe, et ne veulent pas connaître le reste du genre humain.

D. Depuis quand le genre humain a-t-il repris conscience de son unité ?

R. Depuis Jésus-Christ, qui nous a enseigné que nous sommes tous frères sans une seule exception.

D. La raison ne l'aurait-elle donc pas enseigné avant Jésus-Christ ?

R. Nous l'avons déjà dit, la conscience et la raison l'enseignaient ; un Romain, par exemple, a écrit : *Je suis homme, rien de ce qui est humain ne peut m'être étranger;* mais ces belles et passagères inspirations ne changèrent point la destinée du monde.

D. Les premiers chrétiens ont-ils beaucoup mieux compris cette grande fraternité de tous les peuples ?

R. Sans aucun doute. Ecoutez, par exemple, saint Paul : « Mystère du Christ, inconnu aux
« générations précédentes, aujourd'hui révélé:
« les nations sont cohéritières et solidaires en
« Jésus-Christ, toutes sont les organes d'un
« même corps. »

D. Mais l'Eglise catholique n'a-t-elle point perdu cette conscience ? n'est-ce pas le xviiie siècle philosophique qui l'a ranimée parmi nous ?

R. D'où croyez-vous que soient tirées les paroles suivantes : *O toi qui as donné à tes enfants ce globe pour le cultiver, fais qu'ils n'aient qu'un cœur et qu'une âme, de même qu'ils n'ont qu'une seule demeure ?* Ces paroles sont tirées de la liturgie catholique.

D. Les hommes n'ont-ils jamais fait d'efforts pour réaliser cette grande unité ?

R. Dans l'antiquité, beaucoup de conquérants, tels qu'Alexandre et les Romains, ont voulu soumettre la terre entière ; mais leur vue était fausse, parce qu'ils voulaient détruire les unités subordonnées : le globe ne peut former qu'une grande république fédérative, parce qu'aucun point de la surface d'un globe ne peut utilement devenir le centre politique du globe entier.

D. N'a-t-on pas fait depuis des efforts plus heureux et plus intelligents ?

R. Les peuples chrétiens modernes, qui seuls sont en possession de la force sociale véritable, ont fait au moyen âge une admirable tentative dont les fruits subsistent encore et subsisteront toujours : l'Europe entière s'appelait la République chrétienne et formait en effet une sorte de république fédérative ; il y avait un droit commun, une langue commune, un arbitrage international commun, et de grandes communautés d'entreprises. Au fond, l'unité européenne est encore aujourd'hui manifeste ; et chacun sent qu'un esprit puissant, qui ne peut être que l'esprit de Dieu, travaille à reconstituer et à développer cette unité.

Ne formons plus qu'une seule famille de frères de tous les hommes et de tous les peuples, disait-on au xviiie siècle ; mais comme on voulait opérer en dehors du christianisme, qui est le lien social, on a repoussé l'avenir au lieu de le provoquer. On s'est déchiré au lieu de s'unir ; on a versé des flots de sang. Quand l'Europe sera redevenue chrétienne, on pourra faire un nouvel essai qui sera plus heureux.

D. Vous dites que le christianisme est la force sociale ou le lien social ; qu'étaient donc les sociétés antérieures au christianisme ?

R. Les sociétés antérieures au christianisme

étaient des sociétés de transition ou des sociétés provisoires; la société chrétienne, c'est la société définitive. Ces sociétés étaient comme des essais de la nature, en attendant que Jésus-Christ eût donné au monde sa vraie base sociale. Toutes les sociétés antérieures à la société chrétienne étaient comme les premiers organes caducs de la civilisation dans l'enfance.

III

LA PATRIE.

D. N'y a-t-il pas aujourd'hui des philanthropes ou socialistes qui veulent détruire l'idée de la patrie ?

R. Oui, il y a des *socialistes* qui disent de la patrie précisément ce qu'ils disent de la vertu : la patrie n'est qu'un mot, la patrie n'est qu'un masque. Si quelqu'un vous tient ce langage, sachez que c'est un destructeur de la société.

D. Qu'est-ce qu'une patrie ?

R. Pour savoir ce que c'est qu'une patrie, il suffit de regarder la France.

Voici une terre entourée de trois mers, de deux chaînes de montagnes et d'un grand fleuve. Cette terre est la demeure naturelle d'un groupe d'hommes. Un grand peuple habite en commun ce pays : même loi, même langue, même histoire, même nom ; ce sont tous des Français, et, comme on l'a dit, le dernier valet de charrue, dans ce pays, est aussi fier d'être Français que le plus grand de ses concitoyens. Ce pays a un cœur comme le corps humain, et, dans les crises, on voit le sang naturellement affluer au cœur pour le défendre et augmenter par la concentration l'énergie des forces vitales. Ceux qui meurent pour le salut et l'unité de la patrie, on les glorifie comme des martyrs ; et chacun les imite dès qu'il le faut.

D. Ce patriotisme ne serait-il point une illusion ?

R. L'ardent patriotisme des Français nous semble au contraire une inspiration de Dieu. Ce point du globe est le plus avancé de tous sous le rapport social, et en même temps, sans nulle comparaison, le plus zélé pour l'apostolat et la propagande des idées. De sorte que celui qui verse son sang pour la France le verse réellement pour le progrès du genre humain et pour l'accomplissement de la volonté de Dieu sur la terre (1).

(1) En 1848 nous pouvions encore parler ainsi. (*Note de 1871.*)

D. Pourquoi dites-vous que la France est le point le plus avancé du globe sous le rapport social, tandis que l'opinion publique européenne nous considère souvent comme un foyer de perturbation sociale ?

R. La France est le point le plus avancé du globe sous le rapport social : d'abord parce que c'est le pays du monde où règne la plus grande unité, jointe à la plus grande liberté individuelle. La formule de la perfection sociale est celle-ci : *Maximum d'unité sociale, uni au maximum d'individualité personnelle.* Ensuite parce que, de tous les pays du monde, c'est celui où règne la plus grande égalité, ou plutôt la moindre inégalité sociale, et où se trouve la plus grande tendance à la pratique réelle de la fraternité et à l'abolition définitive des castes.

D. Pourquoi donc alors regarde-t-on notre patrie comme un foyer de perturbation sociale ?

R. Parce que le mal social est chez nous plus en évidence, par la lutte même que provoque l'énergie du bien. Le même mal dort plus formidable chez les autres peuples ; chez nous, l'explosion se fait ; le mal sort et se montre en sortant.

D. Voulez-vous expliquer votre assertion ?

R. C'est un bien de vouloir le progrès social de toute sa force et d'y croire de tout son cœur. Beaucoup d'hommes parmi nous ont cette volonté et cette foi. Mais qu'en résulte-t-il? Il en résulte d'abord des luttes de précipitation et d'empressement ; il en résulte des essais ruineux, des entreprises aveugles qui mènent aux précipices et aux abîmes.

C'est un bien que de proclamer ce qui doit être : par exemple, le devoir du riche et le droit du pauvre ; mais c'est un mal au riche de combattre contre ces doctrines par égoisme, et c'est un mal au pauvre de combattre par égoisme pour ces doctrines. L'ardente et incomplète proclamation des devoirs et des droits anime les égoismes de part et d'autre, et sème la guerre.

Mais voici notre plus grand mal. Ce mal qui accompagne tout progrès et tout apostolat, c'est le fléau des faux apôtres ; c'est l'existence des traîtres à la vérité sociale, des faux frères du progrès et des Judas de la fraternité. Il y a toujours à côté du Christ un inévitable Judas. Et les Judas sont d'autant plus mauvais que la vérité est plus près de sauver le monde.

Ces maux, qui résultent de notre force, donnent parfois à notre patrie l'apparence du pays le plus proche de sa ruine et de sa décadence sociale.

D. Vous dites que la France est le pays qui s'approche le plus de l'idéal social : *maximum d'unité générale joint au maximum de liberté individuelle.* Mais pourtant d'autres pays ont plus de liberté individuelle et locale, tels que l'Angleterre et les Etats-Unis.

R. Sans doute, mais nous voulons parler des deux conditions réunies. Les Anglais et les Américains ont plus de liberté individuelle, mais moins de force centrale et d'unité. A l'autre bout du monde, la Chine pousse la centralisation plus loin que nous peut-être, mais elle n'a aucune liberté.

D. Est-il bien vrai que la France soit le pays où règne la plus grande tendance à la pratique réelle de la fraternité ?

R. Il y a longtemps que l'on a fait cette remarque. Un auteur du commencement du XVIIe siècle, en parlant des fruits de l'esprit de Dieu, dit que le plus beau de ces fruits est l'amour fraternel, et il affirme que la piété fraternelle est le trait distinctif du caractère français ; il raconte que le cardinal Bellarmin, étant venu en France et mesurant la religion à la piété fraternelle, disait « qu'en voyant les Français, à peine si les Italiens lui semblaient encore catholiques. »

IV

LA FAMILLE.

D. Qu'est-ce que la famille ?

R. L'humanité est la moisson de Dieu, et la famille est un épi dans la moisson.

D. Expliquez-vous.

R. Dieu veut si fortement la société qu'il a forcé les hommes à naître plusieurs en un. Il groupe plusieurs hommes, plusieurs cœurs, plusieurs âmes dans les bras d'un même père et dans un même sein maternel, comme des grains de froment sur une même tige et sous l'enveloppe d'un même épi.

D. Qu'est-ce que la famille dans la société ?

R. La famille est l'élément social ou l'unité intégrante du corps social.

La société n'est pas un corps simple dont

les éléments soient des unités simples, c'est-à-dire des individus. La société est un corps composé, dont l'élément primaire est une unité composée, la famille.

D. Que s'ensuit-il ?

R. Il s'ensuit que toute société est toujours très-exactement l'image en grand de la famille.

D. Pouvez-vous le prouver par l'état du monde contemporain?

R. Très-facilement. Il y a, tout bien compté, deux états de la famille et deux états de la société.

Il y a, d'une part, l'état de la famille et de la société chrétienne ; d'autre part, l'état de la famille et de la société chez tous les peuples demeurés en dehors du christianisme.

D. Quel est le caractère de la famille chrétienne?

R. L'unité, l'indissolubilité.

D. Quel est le caractère de la société chrétienne ?

R. L'unité, la force, la solidité, l'indissolubilité. Les peuples chrétiens forment une seule civilisation et marchent ensemble. La civilisation chrétienne est une civilisation invincible,

qui ne mourra qu'avec le monde, de même que
le lien conjugal, dans la famille chrétienne, ne
peut être dissous que par la mort.

D. Quel est le caractère de la famille en dehors du
christianisme ?

R. La multiplicité, la mutabilité, l'instabilité.

D. Quel est le caractère de la société non chrétienne ?

R. Toutes les sociétés non chrétiennes sont
en dissolution, comme la famille.

D. La société chrétienne est donc aujourd'hui la seule
forte ?

R. La société chrétienne est aujourd'hui
maîtresse du globe. Elle en peut conquérir
toutes les terres et en occuper tous les points,
au jour et à l'heure même qu'elle jugera con-
venable de choisir pour cette opération.

D. D'où vient cette étrange supériorité ?

R. Elle vient de ce que la société chrétienne
est seule organisée, tandis que les autres sont
décomposées ; et cela parce que la famille chrétienne est seule organisée, et qu'en dehors du
christianisme la famille est décomposée.

V

LE PROGRÈS SOCIAL.

D. Le progrès social est-il possible, et les hommes ne seront-ils pas toujours égoïstes? Changera-t-on la nature humaine, et le monde n'ira-t-il pas toujours comme il va?

R. Le progrès social est possible. En douter est un blasphème contre Dieu, contre la raison et contre l'Evangile. C'est, de plus, un démenti donné en face à l'histoire des peuples européens depuis la venue de Jésus-Christ.

D. Quels progrès si grands ont donc eu lieu depuis ce temps?

R. Pour n'en citer qu'un seul, l'abolition de l'esclavage est un progrès fondamental.

D. Ce progrès n'est-il pas tout naturel et très-facile?

R. Ce progrès dépassait les rêves des utopistes de l'antiquité, qui ne l'ont même jamais conçu. Tous les anciens, y compris les plus hardis génies, Aristote et Platon, par exemple, regardaient l'esclavage comme absolument nécessaire et comme éternellement fondé sur la nature des choses.

D. Quels progrès reste-t-il à faire aux sociétés chrétiennes ?

R. Nous n'en citerons qu'un : l'abolition du paupérisme. Nous devons abolir le paupérisme comme nous avons aboli l'esclavage.

D. N'est-il pas impossible d'abolir le paupérisme ?

R. Cela est impossible comme il l'était d'abolir l'esclavage. Cela est réellement très-difficile, et n'est en effet praticable qu'avec le secours positif de Dieu, notre Père tout puissant. Il y a là une difficulté de l'ordre de celles dont Jésus-Christ a dit : « Cela est impossible; « mais ce qui est impossible à l'homme est « possible à Dieu. »

D. Mais l'abolition du paupérisme n'est-elle pas contraire à l'esprit même du christianisme, et Jésus-Christ n'a-t-il pas dit lui-même : « Il y aura toujours « des pauvres parmi vous ? »

R. *Il y aura toujours des pauvres parmi*

vous, est une parole du Christ dont on abuse scandaleusement, et dont quelques personnes se servent pour effacer le reste de l'Evangile.

D. Sauriez-vous nous prouver que cette parole est ordinairement mal comprise ?

R. Oui, et très-clairement. Cette parole du Christ est une citation d'un texte de Moïse. Ce texte est tiré du xve chapitre du Deutéronome, v. 17. C'est donc là qu'il faut remonter pour en trouver le sens. Or, nous lisons dans ce même chapitre, huit lignes plus haut, les mots suivants : « O Israël ! tu ne devras souffrir en « aucune sorte qu'il y ait au milieu de toi un « seul mendiant ni un seul indigent, afin que « le Seigneur ton Dieu te bénisse dans la terre « qu'il va te donner. » Donc il est parfaitement clair que dans ce chapitre, selon le sens naturel des mots, on appelle *indigent* celui qui manque, *mendiant* celui qui demande, et *pauvre* celui qui n'a pas par lui-même. D'où il suit que, bien évidemment, il y aura toujours des enfants, des vieillards, des malades, des infirmes, des aliénés qui n'auront rien par eux-mêmes ; mais que le devoir des autres

hommes est de pourvoir au besoin de ces pauvres avant qu'ils le demandent. C'est un devoir
manifeste pour quiconque admet que tous les
hommes sont frères ; et c'est un double devoir
pour le chrétien qui croit qu'outre sa conscience et sa raison, l'esprit de Dieu lui-même
a dicté ces paroles : *Tu ne souffriras en aucune
sorte qu'il y ait près de toi un seul mendiant
ni un seul indigent.* Ces paroles, adressées
aux Juifs, s'adressent, à plus forte raison, aux
chrétiens, puisque la loi chrétienne ne diffère
de la loi judaïque que par une seule innovation :
Je vous donne un commandement nouveau,
dit Jésus-Christ, *qui est de vous aimer les uns
les autres.* Donc ce que les Juifs devaient faire
est trop peu pour les peuples chrétiens; ils
doivent, sur ce point, innover et renchérir ; ils
ne doivent pas souffrir parmi eux « un seul
mendiant ni un seul indigent ; » c'est peu : ils
doivent en outre appliquer cette parole non pas
seulement aux besoins corporels, comme les
Juifs, mais encore aux besoins de l'esprit et de
l'âme de leurs frères, besoins d'esprit et d'âme
qui sont encore plus grands que ceux du
corps.

D. Cela est clair. J'admets donc comme possibles l'abolition successive du paupérisme et le progrès social comme il est défini. Mais par quels moyens réalisera-t-on ce progrès ?

R. Les moyens de réaliser le progrès social consistent d'abord à ne pas violer grossièrement les lois de ce progrès, et ensuite à faire des efforts positifs pour amener le triomphe de ces lois. D'abord donc éviter le crime, puis pratiquer la vertu sociale.

VI

DES CRIMES SOCIAUX.

D. Quels sont les crimes sociaux ?

R. Les crimes sociaux ne sont autres que les crimes ordinaires qu'ont de tout temps flétris et condamnés la raison et la loi de Dieu : d'abord l'homicide, ensuite le vol, puis l'adultère, le mensonge et le faux témoignage.

L'HOMICIDE.

D. Chacun sait que l'homicide est un crime. Y a-t-il donc des sociétés qui le tolèrent ?

R. Sans aucun doute. Il n'existe encore aucun peuple qui l'ait complètement aboli.

D. Dans quel but les lois ou la coutume tolèrent-elles l'homicide ?

R. Cela dépend du degré d'avancement de

chaque peuple. Au plus bas degré de l'échelle sociale, les hommes se tuent les uns les autres pour se manger ou pour se vendre comme du gibier,

D. Y a-t-il réellement de tels peuples ?

R. Oui, tous les peuples nègres, tous les Océaniens se font la chasse entre eux ; ils mangent et ils vendent ce qu'ils prennent. Aujourd'hui même, des peuples déjà sortis de l'état sauvage proprement dit, tels que les peuples du Fezzan, à l'est de l'Algérie, font, chaque année, une chasse qui leur rapporte quelquefois six mille prisonniers nègres qu'ils vont vendre en Egypte. Ces expéditions ne sont point des guerres, mais réellement des chasses, et elles portent ce nom ; on les appelle *la chasse aux hommes*.

D. Les peuples civilisés ne font-ils jamais rien d'analogue ?

R. Les peuples civilisés, jusqu'au XIX⁰ siècle inclusivement, continuent à s'égorger entre frères, non pas pour se manger, mais pour améliorer leur état politique ou social.

D. Remarque-t-on que ce moyen contribue au progrès social ?

R. Non, certes, et il est clair d'avance que ce moyen est toujours pour une société qui l'emploie un retour vers la barbarie.

D. Les guerres civiles ne contribuent donc jamais au progrès social ?

R. Les guerres civiles entravent toujours le progrès social, lequel peut avoir lieu malgré les guerres civiles, mais retardé, diminué par elles.

D. Tout soulèvement à main armée au sein d'une société est donc un mal ?

R. Tout soulèvement à main armée au sein d'une société est un mal, une faute, une folie et un crime.

D. Quel est l'effet d'un soulèvement à main armée ?

R. L'effet d'un soulèvement à main armée est toujours, et sans exception, de retarder ou d'empêcher le triomphe de la cause pour laquelle il est entrepris.

D. Que doit-on penser des guerres de barricades au sein des capitales ?

R. C'est le plus grand des crimes ; et quand, au sein d'un peuple, un parti les érige contre un autre, le parti qui attaque travaille à sa propre ruine d'abord, puis à la ruine de la patrie.

D. Que font donc ceux qui flattent les vainqueurs de ces guerres et les héros des barricades ?

R. Ceux-là sèment la mort et le sang, trompent le peuple, l'envoient à la boucherie, détruisent le germe des progrès sociaux. L'homme qui a montré du courage dans ces luttes fratricides a été trompé dans l'emploi de son courage et de sa force ; c'est le plus à plaindre de tous les hommes. Il croit mourir pour sa patrie et meurt contre elle. Il frappe sa mère en pensant la défendre.

D. N'y a-t-il donc dans ces luttes fratricides que des hommes égarés ? N'y a-t-il jamais de coupables ?

R. Nous ne parlons ici que des égarés ; les coupables, ce sont des étrangers à l'ordre social, des étrangers à la conscience, à la raison et à l'honneur. Ce sont des méchants proprement dits. Il en sera parlé ailleurs.

D. Vous condamnez donc tout soulèvement ?

R. Je distingue entre les soulèvements où l'on tue et les soulèvements où l'on ne tue pas. Les premiers sont toujours un fléau. L'homicide est ce qu'il faut proscrire d'abord, partout, toujours. Pas de sang ! jamais de sang ! Voilà la règle fondamentale.

D. La révolte armée n'est donc jamais permise pour arriver à la liberté et parvenir au progrès politique ou social ?

R. Jamais ; et, entre autres raisons, par cela même qu'elle est un obstacle et non pas un moyen, et qu'il n'est pas permis, ou tout au moins qu'il est absurde, quand on veut arriver à un but, de prendre la voie qui en éloigne.

D. Un peuple n'a donc pas le droit de secouer le joug d'un tyran ?

R. Je m'attendais à cette question. Mais je vous demanderai d'abord s'il n'est pas déplorable que nous soyons encore, presque tous, assez aveugles et assez grossiers, assez voisins de l'état sauvage pour ignorer qu'il y a d'autres moyens de secouer un pouvoir tyrannique que le fer et le feu !

D. Vous admettez donc qu'on ait le droit de renverser un pouvoir pervers ou un tyran ?

R. Cela est bien entendu.

D. Les catholiques admettent-ils cette doctrine ?

R. Assurément, puisque cette doctrine est celle de saint Thomas d'Aquin, le plus grand des théologiens catholiques.

D. Saint Thomas d'Aquin autorise donc la guerre civile ?

R. En aucune sorte. Il dit que le peuple a, dans certains cas, le droit de déposer et de destituer ses chefs; mais il ajoute, ce qui est évident, que dans l'exercice de ce droit il n'est jamais permis de procéder par violence privée, mais seulement par voie d'autorité publique.

D. Quel est donc le moyen de secouer un pouvoir pervers ou injuste ?

R. Ce moyen, c'est le courage civil, et s'il s'agit des grands progrès sociaux, le courage religieux, la foi jusqu'au martyre.

D. Mais quand un peuple n'a point de courage civil et n'a que le courage guerrier, que peut-il faire ?

R. Quand un peuple n'a pas de courage civil, il n'y a pas pour lui de progrès politique. Quand il n'a pas de foi, de courage religieux, il n'y a pas pour lui de progrès social. Ses prétendues conquêtes politiques ou sociales obtenues par la guerre, par le sang, par le fer et le

feu, il les voit disparaître comme des fantô-
mes entre ses mains. Les chartes sont modi-
fiées, les mœurs ne le sont pas ; la liberté ne
grandit pas, et la fraternité recule, parce qu'elle
voit partout des traces de sang.

D. Citez un exemple d'un vrai progrès politique.

R. L'émancipation politique de l'Irlande. Le
glorieux chef de ce mouvement, O'Connell,
sans verser une seule goutte de sang, sans
violer une seule loi, a obtenu pacifiquement,
par un indomptable courage civil, ce que les
plus sanglantes révoltes n'avaient jamais que
reculé.

D. Citez un exemple d'un vrai progrès social.

R. Il n'y a jamais eu dans le monde qu'un
seul exemple d'un vrai progrès social. Pour qui
connaît l'histoire, il est visible que toutes les
sociétés antiques ont eu pour loi la décadence
après un court progrès. Elles naissaient pour
mourir, comme certains organes provisoires
dans l'enfance naissent pour tomber.

La société moderne seule renferme en elle
une force de progrès constante, au milieu des
éléments corrompus qui fermentent toujours

dans le monde. Le seul progrès réel qu'ait jamais fait la société, c'est la révolution amenée par le christianisme dans le monde romain et barbare.

D. Par quel moyen le christianisme a-t-il opéré ce progrès ?

R. Par le courage religieux et par la foi jusqu'au martyre.

D. Comment cela ?

R. Le Christ, en montant sur la croix, en offrant sa face aux soufflets, ses mains aux clous et son cœur à la lance du soldat, a enseigné aux hommes la seule voie du progrès social. Les chrétiens ont conquis le monde par cette manière toute nouvelle de combattre.

D. Décrivez-nous en peu de mots l'histoire de cette lutte mémorable.

R. Cette lutte, en effet, mérite d'être décrite. L'ancien maître du monde, César, soutenu de toute l'ancienne société, entre en lutte contre quelques hommes pauvres et ignorants du petit peuple, porteurs de l'Evangile. Ceux-ci annoncent qu'ils se soumettent complètement à César et à toutes les lois de l'empire. Ils ne deman-

dent qu'un droit, celui d'adorer Dieu selon la
vérité et de proclamer l'Evangile. On leur refuse ce droit, ils le prennent; on les tue, ils
meurent. Telle est la lutte, la même partout, à
Rome, dans l'Orient, en Gaule, en Espagne, en
Afrique.

La glorieuse armée des martyrs avançait,
sans frapper, sans maudire, sur ceux qui les
frappaient et qui les maudissaient. Ils se laissaient percer, couper, cribler, scier, déchirer
et brûler, par les poignards, les haches, les
flèches, les lances, les chevalets et les bûchers.
Ils avançaient toujours, grandissant en courage, en décision, en enthousiasme, en nombre,
pendant qu'on les exterminait. A mesure que
les derniers degrés de la fureur et de la rage
s'exhalaient sur leurs membres, les martyrs
grandissaient et avançaient sur ceux qui les
frappaient, comme des êtres immatériels sur
lesquels le fer ne peut rien. Ainsi luttaient les
deux armées, les païens tuant avec rage, et
chaque chrétien tendant la main, dans la mêlée,
au plus proche ennemi : « Frère, disait-il,
laisse là ton arme, elle ne peut rien; vois ma
main pacifique, donne-moi la tienne, et viens

vaincre avec nous. » Et beaucoup de païens, éperdus, confondus de cette manière inouïe de combattre, laissaient tomber leurs armes aux pieds des désarmés et passaient dans les rangs des chrétiens. Et l'armée pacifique croissait, croissait toujours, sous le fer qui la décimait, jusqu'au moment où toutes les armes tombent et où il n'y a plus qu'une seule armée.

Alors cette armée combinée de vainqueurs et de vaincus s'assemble pour ensevelir les morts. Ceux qui les ont percés se frappent maintenant la poitrine, et baisent les restes inanimés de leurs ennemis renversés ; ils enveloppent d'or et de soie leurs os sacrés, en construisent des autels au Dieu vivant, dans lequel vivent et dans lequel triomphent les morts vainqueurs en bénissant leurs ennemis vaincus.

Voilà la guerre sociale chrétienne et son infaillible succès. La seule fois que le monde a été conquis, il l'a été pacifiquement et par la tactique de la croix.

D. Pourquoi est-ce là la seule voie du progrès social ?

R. Parce que le progrès social c'est le progrès de la fraternité. Or, on n'établira jamais le règne de la fraternité que par la contagion de la fraternité. Ceux qui veulent la fraternité doivent débuter, contre ceux qui n'en veulent pas, par être frères, même avec ces adversaires qui ne veulent pas être frères avec eux. « Il faut être un, comme le dit Bossuet, même avec ceux qui ne veulent pas être un avec nous. »

D. Le chrétien ne peut-il donc jamais combattre que par le martyre ?

R. C'est une autre question. La guerre étrangère est permise ; la défense personnelle est permise contre l'agression d'un brigand ; la défense sociale est permise contre l'assassinat social. Dans ce cas, c'est un assassinat qu'on évite, ce n'est pas un progrès obtenu. Le progrès ne s'obtient jamais que par une main, une bouche, une poitrine désarmée. Par exemple, dans une guerre civile, le martyre d'un évêque, s'avançant désarmé vers l'agresseur pour arrêter l'effusion du sang, ne peut pas ne pas être le germe d'un progrès social pour la patrie et pour l'humanité.

Voilà l'unique et infaillible procédé du progrès social.

D. Mais la Révolution française n'a-t-elle pas déterminé un immense progrès social sans employer ce procédé ?

R. La Révolution française est l'effet de deux causes. La première de ces causes, c'est l'esprit de fraternité mis au cœur des peuples chrétiens par l'Evangile. La seconde de ces causes, c'est le procédé employé par les hommes de la Révolution pour établir la liberté, l'égalité et la fraternité. De ces deux causes, la première produisait, la seconde détruisait ; la première était la force motrice, l'autre l'empêchement. Les prétendus ministres de ce mouvement de Dieu l'ont profané, l'ont renvoyé à d'autres générations. Les échafauds et les massacres de 93 sont encore aujourd'hui l'obstacle aux progrès de la liberté, de l'égalité et de la fraternité, comme les bûchers de l'inquisition et les massacres de la Saint-Barthélemy sont encore aujourd'hui, parmi nous, le principal obstacle aux progrès de la religion. Toute tache de sang est pour une cause le plus grand des obstacles. Ceci ne souffre jamais d'exception. Tout fratricide est comme Caïn ; il fuit. Toute cause soutenue par le fratricide est une cause mise en fuite, alors même qu'elle se croit triomphante.

D. Mais si c'est la cause juste que l'on soutient par le procédé inverse de celui des chrétiens, c'est-à-dire par le fratricide, qu'arrivera-t-il ?

R. Il arrivera que la cause juste ne fera pas le moindre progrès et perdra du terrain, jusqu'à ce qu'elle soit soutenue par le procédé vrai.

D. Quel est donc aujourd'hui notre premier devoir social ?

R. C'est de rayer absolument de nos pensées et de nos mœurs l'homicide et la guerre civile comme moyen de progrès social.

VII

LES CRIMES SOCIAUX. — LE VOL.

D. Que veut dire cette proposition : « La propriété, c'est le vol ? »

R. C'est une formule de contre-vérité adoptée pour frapper les esprits, comme ces autres absurdités : « Dieu, c'est le mal. — L'être, c'est le néant. — La vertu, c'est le vice. — La religion, c'est l'athéisme. » C'est ce qu'on appelle, en logique, des propositions contradictoires qu'il est inutile de contredire, parce qu'elles se contredisent elles-mêmes. C'est le caractère de l'absurde.

D. La propriété est-elle un véritable droit, naturel aussi bien que légal ?

R. La propriété est un droit comme la liberté, comme l'inviolabilité de la personne et de la famille ; la propriété héréditaire est une condition de la famille ; l'hérédité, comme on l'a dit, c'est la main du père tendue aux enfants à travers la pierre du tombeau.

De même que l'homme prend légitimement et nécessairement dans la nature des forces et des éléments qui deviennent son corps, de même le citoyen prend légitimement et nécessairement dans la société des forces et des éléments qui deviennent sa propriété. La propriété, c'est l'emplacement social du corps et de l'activité de chaque homme.

Ce qu'un homme a pris dans sa main et transformé par le travail de sa bouche et de ses entrailles devient son corps. Ce qu'un homme a pris dans sa main et transformé par le travail de ses bras, de sa pensée, et la consécration de ses larmes et de ses sueurs, devient son bien et sa propriété. La propriété n'est pas plus l'égoïsme et le vol que la chair, le sang et le corps ne sont l'égoïsme et le vol.

D. Le communisme existe-t-il quelque part ?

R. Il y a une sorte de communisme dans les monarchies absolues. Louis XIV avait une tendance au communisme lorsqu'il écrivait ces mots pour apprendre à son petit-fils l'art de régner : *Souvenez-vous que tous les biens, tant ceux des églises que ceux des particuliers, vous appartiennent.* Ce monarque croyait, comme aujourd'hui beaucoup de socialistes, que tous les biens appartiennent à l'Etat, et que le chef de l'Etat peut en disposer à son gré pour le bien commun.

D. Ceci n'était qu'une prétention sans conséquence ; cette idée est-elle réalisée quelque part ?

R. Vers la fin de l'empire romain, à l'époque de la décadence, les publicistes admettaient qu'en principe tout appartenait à l'empereur : *Tout ce que l'on a vient de lui*, disait Celse.

D. Et dans les temps modernes ?

R. Dans les temps modernes, le pacha d'Egypte réalise presque cette utopie. Il est à peu près seul négociant et seul propriétaire foncier dans ses Etats.

D. N'y a-t-il pas d'autres exemples de ce mode d'organisation sociale ?

R. Il y en a chez les peuples nègres, notamment chez les nègres du Dahomey. Le roi du Dahomey est réellement seul propriétaire de toutes les terres et de toutes les femmes. Pour labourer un champ ou épouser une femme, il faut obtenir du roi la femme ou le champ. Il faut payer pour la femme vingt mille cauris, et se prosterner trois fois, la face contre terre, devant le palais du roi.

D. Ainsi, dans ce système, le roi ou l'Etat est seul propriétaire et seul époux. On ne possède et on n'épouse que par délégation.

R. Précisément. Remarquez bien l'affinité naturelle qui existe entre l'abolition de la famille et celle de la propriété. Remarquez aussi que là où tous possèdent tout en commun, il ne s'ensuit pas, comme on pourrait le croire, que chacun possède tout, mais au contraire que chacun ne possède rien, et que, pour obtenir quelque chose, il faut toujours se prosterner, trois fois ou plus, devant le chef ou les chefs de l'Etat.

D. Si, parmi nous, l'Etat possédait tout et devait donner à chacun, il faudrait donc toujours, pour obtenir, se prosterner devant quelqu'un ?

R. Comme vous le dites. Il y aurait toujours

un, trois ou cinq messieurs qui seraient les chefs de l'Etat, et il est clair qu'il faudrait toujours se prosterner, trois fois ou plus, devant un, trois ou cinq messieurs.

D. Le communisme n'est donc pas une liberté très-avancée ?

R. Le communisme, c'est l'esclavage.

D. Mais l'exemple du communisme du Dahomey est incomplet, puisque les nègres du Dahomey possèdent, du moins par délégation, et sont porteurs de numéraire. N'y a-t-il pas des exemples de communisme complet ?

R. Il y en a. Beaucoup de peuples océaniens, dont l'organisation sociale est encore de beaucoup inférieure à celle des peuplades nègres, pratiquent le communisme complet.

D. Citez-en quelques exemples précis.

R. Les citations seront longues, mais elles ne manqueront pas d'intérêt. Le communisme complet existe, entre autres lieux, à la Nouvelle-Calédonie, à Tonga, l'île des Amis, etc. Voici des extraits de lettres des missionnaires :

« La Nouvelle-Calédonie est habitée par un

peuple féroce et anthropophage. Mille causes et surtout la paresse réduisent les indigènes de la Nouvelle-Calédonie à la plus extrême misère. C'est un peuple enfant et sans prévoyance. Ont-ils fait une récolte abondante, on dirait qu'elle leur pèse. Ils appellent des voisins de dix à douze lieues à la ronde pour s'en débarrasser plus vite, et leur festin dure autant que leurs provisions ; de sorte que pendant les trois quarts de l'année ils n'ont rien à manger. Leur nourriture consiste alors en quelques poissons, coquillages, racines et écorces d'arbres ; quelquefois ils mangent de la terre, dévorent la vermine dont ils sont couverts, avalent avec gloutonnerie les vers, les araignées, les lézards...

« D'un autre côté, ce peuple en apprendrait souvent à nos plus habiles filous d'Europe : ils exécutent le vol avec une adresse surprenante.

« Les peuples de la Nouvelle-Calédonie se distinguent par une grande hospitalité, qui fait que tout est en commun. Cette pratique paraît fort bonne, mais en réalité elle a de tristes conséquences ; car elle entretient ces peuples dans une incroyable paresse en les portant à compter les uns sur les autres. Ils ne refuseront jamais ce que vous leur demandez, ce serait un crime; ils accompagneront même leur don de paroles flatteuses, mais au fond de l'âme ils se dessaisissent à regret et parce qu'ils ne peuvent faire autrement.

« Ils mangent des hommes. J'ai vu, dit un missionnaire, de mes propres yeux, un morceau de chair humaine rôtie; c'était un morceau de la main, et l'on avait eu soin de l'envelopper d'une feuille pour en mieux conserver le jus et l'odeur. Il n'est pas rare de fouler aux pieds les ossements de malheureux ainsi égorgés. Nos sauvages se font des guerres cruelles; et lorsqu'ils savent qu'un de leurs ennemis se rend dans quelque lieu, ils vont se cacher près de la route et se précipitent sur leur victime avec la fureur du tigre altéré de sang... C'est une victoire et un trophée pour eux d'avoir mangé un ennemi.

« La paresse semble être le défaut de prédilection des habitants de Tonga. Les naturels ne font d'autre travail que celui dont ils ne peuvent se dispenser. Ils mangent très-peu;

de sorte que la nourriture d'un homme, en France, suffirait ici pour dix. Ils souffrent, mais ils aiment mille fois mieux souffrir la faim que supporter la fatigue.

« Ici la cuisine est en commun ; c'est assez d'apercevoir la fumée d'un banquet pour avoir le droit d'y prendre place. Quelqu'un prépare-t-il un mets, tout le quartier en est informé, et il est de bon ton que celui-là seul qui l'a apprêté n'en goûte pas. Je vous ai parlé plus haut de l'empressement des naturels à offrir des fruits aux personnes qu'ils rencontrent sur leur route. Cette politesse, cette communauté de biens qui paraît si belle, est en réalité loin d'être utile. Qu'en arrive-t-il ? Chacun compte sur son voisin, et personne ne pense à se pourvoir de ce qui lui est nécessaire. Ainsi, nos Kanacks vivent dans une funeste oisiveté et meurent souvent de faim dans une île si féconde, qu'un seul jour de travail par semaine suffirait à un père de famille pour nager dans l'abondance avec tous ses enfants.

« L'état habituel des peuples de l'Océanie est une extrême pauvreté, leur caractère dominant est l'indolence et la paresse ; l'usage le plus remarquable parmi eux est une hospitalité poussée si loin qu'elle ne trouverait de modèle dans aucune de nos contrées d'Europe.

« Une cabane n'est pas toujours habitée par une seule famille, car tous ne se donnent pas la peine de bâtir. Il est beaucoup d'indigènes qui vont sans façon s'installer chez leurs parents ou leurs voisins dont ils partagent les vivres, s'il y en a, aussi bien que le couvert ; chose qui doit vous sembler étrange en France, mais jamais ne souffre ici difficulté.

« La vie serait ici assez facile, mais pour cela il faudrait un certain travail et surtout un certain ordre économique ; ce à quoi les indigènes ne peuvent se résoudre, soit à cause de leur indolence naturelle, soit à cause de leur système d'hospitalité, soit, en un mot, parce qu'ils sont des sauvages. En somme, les aliments sont rares dans ces régions, au point que le sentiment de mes confrères comme le mien est que les rois de ces archipels croiraient vivre dans l'opulence s'ils pouvaient faire, toutes les vingt-quatre heures, un repas comme celui qu'on fait en Europe avec des pommes de terre. S'il en est ainsi des rois, vous comprenez quel est le sort du peuple. La faim est réellement son plus grand fléau, et nous sommes convaincus qu'elle abrége la vie d'un grand nombre de Kanacks.

« Cette extrême indigence des peuples de l'Océanie ne vient pas de la stérilité du sol; elle ne vient pas non plus de la stupidité des habitants. Cette pauvreté, cet état habituel de famine, sont, comme je l'ai déjà insinué, le résultat de la paresse et le fruit d'une hospitalité qui dégénère en spoliation.

« La paresse va si loin chez les naturels, qu'ils sont couchés au moins la moitié du temps; ils passent le reste assis, même pour cultiver la terre. On ne les surprend jamais debout, sinon quand ils marchent, et ils ne font jamais un pas dans le simple but de se promener. Si vous entrez dans une case, vous trouvez toute la famille désœuvrée et très-souvent endormie. On se réveille pour vous recevoir, mais on ne se lève pas toujours, ou l'on se recouche avant la fin de la visite. Viennent-ils vous voir, il leur arrive assez souvent de se coucher chez vous et même de s'y endormir jusqu'au lendemain. Trouver cela inconvenant serait vouloir passer pour un homme mal élevé. Quand on vous fait grâce du sommeil, on vous dit du moins en partant que l'on va se coucher, et, dans le bon genre, vous devez répondre que c'est bien. La formule ordinaire de politesse est, en abordant quelqu'un, de lui dire : « Courage à dormir. »

« L'hospitalité, placée chez nous au rang des vertus chrétiennes, ne mérite pas ici ce nom ; car, outre qu'elle n'est pas dans le cœur, elle est évidemment opposée au bien-être de la société, et entraîne après elle tout un cortége de vices ayant à leur tête cette incurable paresse dont je viens de vous entretenir. Il est vrai qu'elle ne fait qu'une seule famille de ces grandes populations, qu'elle unit même une île à l'autre ; mais cette famille ne ressemble guère à celle dont il est parlé dans les Actes des Apôtres. C'est une vaste communauté où tout le monde a le droit de prendre, et où personne ne se met en devoir d'apporter. Dans le fait, c'est moins l'hospitalité qu'une mendicité générale, autorisée par les idées du pays, ou, si vous aimez mieux, c'est le droit de vivre aux dépens des autres. Les maisons, les comestibles, les animaux, les enfants, les objets quelconques, bien que censés appartenir à des propriétaires spéciaux, font cependant en réalité le domaine public. Un homme bâtit une case pour lui et sa famille, un autre veut s'y loger aussi; il le peut en vertu des droits de l'hospitalité. Celui qui prépare son repas est obligé de le partager avec tous ceux qui se présentent, et si le nombre des bouches est trop grand, c'est lui qui reste à jeun. Vous êtes possesseur de quelque objet, on le voit, on le regarde, et dès lors il est acquis au spectateur; vous devez le lui offrir en vous excusant du peu, et votre offre ne sera jamais refusée. Un père, une mère ont des enfants; on les leur leur demande, il faut les céder, et ainsi du reste. Cela se passe journellement, à la première rencontre, sur les chemins, dans les réunions, le tout avec une adresse, une courtoisie admirables.

« Voilà ce qui se pratique entre égaux; à l'égard des chefs, il faut bien un petit supplément. Ceux-ci décident, de plus, de la vie de leurs sujets, qu'ils peuvent faire assommer au gré de leurs caprices, pour des fautes qui souvent mériteraient à peine, selon nous, une légère réprimande, et, bien que les idées religieuses aient déjà beaucoup modifié, même chez les infidèles, ce despotisme atroce, il s'est néanmoins présenté plusieurs cas de ce genre à Tonga. Ces chefs disposent des bras des hommes pour les employer à leurs plantations et à leurs embarcations, etc.; bien entendu que les travailleurs rentrent le soir à jeun dans leurs cases, où ils ne trouvent rien à manger. Les femmes et les filles sont la propriété des chefs, qui en disposent soit pour eux-mêmes, soit pour les étrangers, à qui ils les vendent ou les donnent.

« Un tel régime est loin de pourvoir aux besoins de la partie faible de la société. Sous l'empire de cette loi qui consiste seulement dans l'obligation de donner, quoique à regret, à ceux qui viennent demander, on n'est nullement tenu de porter secours à ceux qui ne peuvent venir, d'où il résulte que les malades et les vieillards restent dans un état plus ou moins complet d'abandon. Voilà surtout ceux dont la faim hâte les derniers moments.

« A l'archipel des Amis, la génération qui a vécu naguère de la chair de ses semblables est loin d'être éteinte, et c'est tout récemment que nous avons pu obtenir de nos néophytes l'aveu que dans leur jeunesse ils se faisaient la chasse les uns aux autres pour se manger. Les lieux où se passaient les scènes les plus solennelles de cannibalisme sont encore dans ce moment couverts d'ossements humains.

« On a vu à l'île des Archipels, il n'y a pas plus de sept ans, une ville du parti infidèle, Houlé, prise d'assaut, et les vainqueurs, quoique tous protestants, et en cette qualité censés plus humains, après avoir tué toutes les grandes personnes, se firent un jeu de jeter les enfants en l'air et de les recevoir sur la pointe des lances et le tranchant des haches.

« Tout étranger qui vient se fixer aujourd'hui parmi ces peuplades a le choix entre deux partis : ou d'entrer dans la communauté dont je viens de parler, ou de se traiter lui-même à ses frais, comme on le ferait en Europe. Celui qui ne possède rien, comme sont quelques matelots échappés des navires ou des naufrages, ne peut qu'embrasser le premier ;

il y gagne tout ce qu'il reçoit, mène une vie vagabonde pêle-mêle avec les naturels, se faisant leur valet, adoptant leurs mœurs, leurs usages, partageant avec eux la nourriture et la faim, le bien et la misère. Pour celui qui a des ressources, il peut se loger et vivre à ses dépens, comme font les ministres protestants et quelques industriels qui viennent exploiter le commerce de ces îles.

« Quelque bienveillants que vous supposiez les insulaires, voire même nos néophytes, ils ne croiront jamais devoir nous traiter beaucoup mieux qu'eux-mêmes. Ils nous logent dans de petites cases en conservant l'usage d'y venir passer une partie du jour et de la nuit, s'ils le jugent à propos ; c'est le genre du pays. Ils partagent avec nous le peu de nourriture qu'ils peuvent avoir ; bien entendu que nous leur rendons la pareille quand nous pouvons nous en procurer, soit à bord des navires, soit par le travail de nos mains. Pour eux, quand ils manquent de vivres, ce qui arrive au moins la moitié du temps, ils prennent le parti de courir les bois à la recherche des fruits et des plantes sauvages, flânant partout, vivant de rapines et de kava, jeûnant souvent plusieurs jours de suite, se couchant pour moins sentir la faim, et ne se relevant que pour se livrer à de nouvelles investigations. Rien de plus commun ici que de rencontrer des bandes d'affamés rôdant et furetant pour trouver une pâture. Si l'un de nos néophytes nous envoie quelques ignames, le panier est ordinairement suivi d'une troupe d'insulaires, et chacun convoite sa part de vivres. Même scène si l'on fait cuire à la maison. Il faut en faire immédiatement la distribution aux visiteurs, sous peine de perdre les sympathies en violant la coutume du pays. Heureux quand nous pouvons sauver notre petit morceau !

« Ces sauvages ne raisonnent pas. Sans souci du lendemain, ils n'ont pas même la conscience de leur misère actuelle ; aussi n'en sont-ils ni plus tristes ni plus abattus, et, malgré tant de souffrances, ils ne laissent pas d'organiser très-souvent des fêtes, des chants, des danses, des orgies incroyables.

« D'après l'usage du pays, tout étranger qui se place sous la protection d'un Kanack entre par là dans la condition des indigènes, c'est-à-dire qu'il met à la disposition de ce chef son avoir, sa personne, pour en recevoir en échange la liberté de vivre comme les autres, c'est-à-dire comme il pourra. On a beau proposer aux naturels des conditions intermédiaires entre les systèmes de communauté et d'indépendance, ils les acceptent sans y comprendre grand'chose, et ils en reviennent toujours à leur routine.

« Le caractère d'avidité est partout le même en Océanie. Les prétentions de ces hommes inpérieux ne se bornent pas à l'usage de tout ce que nous avons, elles s'étendent jusqu'à nos personnes. Il faut que nos frères soient leurs domestiques, et nous-mêmes nous avons besoin d'adresse et d'énergie pour ne pas nous abaisser en leur faveur à des fonctions indignes de notre ministère. »

D. Assurément ces faits, qui sont contemporains, ne sont point favorables aux doctrines communistes. Il en résulterait que le communisme consiste à mourir de faim et à se manger les uns les autres.

R. C'est du moins, comme vous voyez, ce qui résulte des faits connus.

D. N'en pourrait-il être autrement?

R. Il n'arrivera jamais qu'un homme ou un peuple travaille s'il ne doit récolter. Un peuple n'est pas une ruche, l'homme n'est pas une abeille. Les abeilles travaillent, quoiqu'un autre récolte. C'est qu'elles travaillent nécessairement et par un instinct invincible, sans prévoyance ni liberté. Mais l'homme est libre et prévoyant; il travaille quand il doit récolter, sinon, non.

D. N'y a-t-il jamais d'exception à cette règle?

R. Il y a le très-petit nombre d'enfants de Dieu dans lesquels l'égoïsme est éteint, et qui donnent avec un désintéressement complet leur temps, leurs forces, leur travail et leur sang pour le bien de leurs frères. Ceux-là sont devenus abeilles intelligentes et libres en s'élevant vers Dieu. Ils travaillent comme des abeilles, sans récolter.

D. N'y a-t-il donc aucun exemple de communisme complet et pratiqué avec succès?

R. Il y a l'exemple des ordres religieux.

D. Cet exemple n'est-il pas un fort argument en faveur du communisme?

R. Nullement; car la communauté religieuse n'existe qu'entre célibataires, et suppose l'absence de la famille. Il y a une corrélation nécessaire entre la suppression de la propriété et celle de la famille.

D. N'y a-t-il jamais eu d'essai de communisme entre des groupes de familles ?

R. Il y a eu l'essai de communauté pratiqué entre les fidèles de la primitive Eglise à Jérusalem ; mais, malgré la vertu idéale des premiers chrétiens, cette forme n'a duré pour ainsi dire que quelques jours.

D. N'y a-t-il jamais eu depuis ce temps d'autre essai du même genre?

R. Il y en a aujourd'hui même un exemple en Europe, celui des Frères moraves ou *Hernhutters*, appelés d'abord *les Frères de l'unité.* Voici ce que nous lisons à leur sujet dans un dictionnaire historique :

« Leur association est une espèce de république où les intérêts individuels le cèdent aux intérêts généraux. Ils obéissent à des anciens, ou chefs ecclésiastiques, qui règlent tous les actes de leur vie civile. La surveillance de ces chefs s'étend jusque sur la vie privée. Ils président à l'éducation physique et morale des enfants, infligent les pénitences, prononcent les exclusions, marquent le rang à chacun des frères dans l'une des trois classes qui composent la communauté : les commençants, les progressifs et les parfaits. »

D. Je ne vois là qu'un couvent de familles associées qui sacrifient leur liberté par enthousiasme religieux.

R. Précisément.

D. Que concluez-vous de ces exemples ?

R. J'en conclus que les extrêmes se touchent, et qu'il y a deux espèces de communisme : le communisme des premiers chrétiens de Jérusalem, que j'appelle *le communisme où chacun donne*, et le communisme des sauvages, que j'appelle *le communisme où chacun prend*.

D. Quel est le communisme que l'on voudrait établir parmi nous ?

R. Je vous laisse à le juger vous-même.

D. N'y a-t-il point de communistes sincères qui voudraient établir le communisme où chacun donne, le communisme des premiers chrétiens ?

R. Il doit nécessairement y avoir de tels communistes.

D. Ceux-là n'ont-ils aucune chance de succès et aucun espoir d'être utiles?

R. Cela dépend du procédé qu'ils emploieront.

D. Y a-t-il donc plusieurs procédés?

R. Oui; de même que dans les luttes sociales il y a deux procédés : celui du Christ et des martyrs, qui consiste à donner son sang et à ne jamais prendre celui des autres, et le procédé inverse, le fratricide, procédé de Caïn et de ses fils; de même, pour établir la fraternité dans la richesse, il y a les deux procédés contraires, le vol et le don. Il y a le procédé qui consiste à donner son bien et à ne jamais prendre celui des autres, et il y a le procédé inverse, celui des voleurs de tous les temps et de tous les lieux.

D. Qu'obtiendrait-on par le dernier procédé?

R. Le dernier procédé, qui renferme les pillages à domicile, les contributions forcées, les expropriations en masse par législation révolutionnaire, s'il était appliqué parmi nous quelque temps, serait la honte et la ruine publique, reculerait et refoulerait pour des siècles les idées généreuses, les sympathies des cœurs qui espèrent et qui veulent plus de fraternité dans l'usage des richesses ; car, ainsi que nous l'avons dit, le procédé inverse du procédé chrétien est toujours, sans aucune exception, un obstacle à tout progrès social. Procéder par violence et contrainte, c'est reculer ; procéder par amour et par liberté, c'est toujours avancer.

D. Que si les communistes procèdent par liberté et par amour, qu'obtiendront-ils ?

R. Quiconque procédera par liberté et par amour produira toujours quelque bien. D'abord, si l'on renonce (je parle de ceux qui ont besoin d'y renoncer), si l'on renonce au vol, à la violence, au fratricide, on passera soi-même du crime à l'honnêteté, et ce sera un fort grand progrès. La patrie gagnera des citoyens de plus et aura des destructeurs de moins.

D. Que doivent donc faire les communistes convaincus ?

R. Qu'ils cherchent à faire des prosélytes, qu'ils pratiquent entre eux leurs doctrines ; ils ont le droit de parler et d'agir. S'ils convertissent le monde, personne n'aura plus rien à dire ; s'ils veulent s'imposer par contrainte, ce sont des malfaiteurs.

D. Les communistes ont donc le droit de prêcher leur doctrine et de pratiquer leur doctrine entre eux ?

R. Sans aucun doute.

D. Ont-ils le droit de l'imposer par violence matérielle ou par contrainte légale ?

R. En aucune sorte.

D. Qu'y a-t-il de vrai dans le communisme ?

R. Puisque toute erreur est une vérité dont on abuse, il doit y avoir au communisme un prétexte ou un côté vrai.

D. Quel est ce côté vrai ?

R. C'est que nous sommes tous frères ; qu'étant tous frères nous devons parvenir à un usage plus fraternel de la richesse et de la propriété.

D. Quel serait l'usage fraternel de la richesse et de la propriété ?

R. L'usage fraternel de la propriété consisterait à pratiquer cette énergique définition de la richesse, donnée par les moralistes chrétiens : « Les riches, ce sont les administrateurs du bien des pauvres. » Si cela est vrai, celui-là est coupable, devant Dieu et devant les hommes, qui emploie ses richesses à vivre dans la paresse et dans la volupté. Celui-là seul est dans le vrai, qui se regarde comme un comptable de son bien. La richesse est une fonction. L'usage fraternel des richesses consiste à ne plus souffrir désormais qu'il y ait parmi nous un seul mendiant ni un seul indigent : c'est peu ; à ne plus souffrir désormais qu'il y ait parmi nous un seul esprit sans instruction et sans lumière, ni un seul cœur sans espérance, ni une seule âme sans Dieu ; et cela dans notre patrie d'abord, puis dans le monde entier. Le riche, s'il veut être un riche légitime, et non pas un comptable déshonoré, doit employer ainsi sa richesse et son temps.

VIII

LES CRIMES SOCIAUX. — L'ADULTÈRE, LA DÉBAUCHE.

D. En quoi l'adultère est-il un crime social?

R. En ce que l'adultère tend à décomposer la famille. Or, attaquer la famille, c'est attaquer la société, car la famille est l'élément social. Telle famille, telle société.

D. Qu'est-ce donc que l'adultère en général?

R. L'adultère est le crime qui attaque l'unité et l'indissolubilité de l'union entre l'homme et la femme. Or, cette unité et cette indissolubilité est la loi éternelle et la condition nécessaire de l'élément social tel que Dieu l'a constitué.

D. Qu'est-ce que le divorce?

R. Le divorce, c'est l'adultère légal, ou, si vous aimez mieux, c'est la polygamie successive.

D. D'où tirez-vous cette doctrine?

R. De l'Evangile.

D. Quel est le texte?

R. Le voici : « Quiconque renvoie sa femme et en épouse une autre commet un adultère. »

D. Qu'est-il résulté de cette doctrine chez les peuples chrétiens?

R. Il en est résulté que chez les peuples chrétiens le mariage a été réellement indissoluble. C'est le premier exemple de l'unité et de l'indissolubilité du mariage réalisées dans une grande société, et il se trouve, comme cela doit être, que cette société est la seule forte qu'ait vue le monde. Il n'y a jamais eu qu'une seule civilisation proprement dite, c'est la civilisation chrétienne. L'avénement du christianisme dans le monde a été l'avénement de la force sociale ; et le christianisme a incarné cette force dans les peuples modernes, en constituant la société élémentaire ou primaire, qui est la société de l'homme et de la femme, ou la famille.

D. Comment ne sait-on pas plus généralement ces choses ?

R. Parce qu'on a des yeux pour ne pas voir. Ces grands faits de l'histoire du monde sont aussi visibles que la forme des continents sur le globe.

D. Qu'arrivait-il avant le christianisme, et qu'arrive-t-il aujourd'hui en dehors du christianisme aux peuples chez lesquels la famille n'est pas constituée?

R. La famille n'est constituée chez aucun peuple, excepté chez les peuples chrétiens; et, puisque la famille est l'élément social, il s'ensuit, on ne peut trop le répéter, qu'il n'y a de société proprement dite chez aucun peuple, excepté chez les peuples chrétiens. Le reste n'est qu'une masse humaine en dissolution.

D. Comment expliquez-vous cette influence de l'état de la famille sur l'état de la société?

R. Quand la famille n'est pas, l'individu n'est rien et n'a aucune valeur. Quand la famille n'est pas, la femme n'est rien. Qu'est-ce qu'une société où la femme n'est rien? Là où la femme n'est rien, comment l'homme serait-il quelque chose? Là où la femme n'est rien il n'y a pas de mère; là où il n'y a pas de mère il n'y a pas d'homme.

D. Cette dernière assertion plaît d'abord, mais n'est-elle pas nouvelle et poétique?

R. Elle est fort ancienne et très-orthodoxe, car je la trouve dans l'Ancien Testament : « On a cessé de voir de vaillants hommes dans Israël; il n'y en avait plus, jusqu'à ce qu'il se soit élevé une mère dans Israël. »

D. Ce texte des Livres saints est très-beau, mais se vérifie-t-il toujours?

R. Toujours. Or, il n'y a de mère que chez les peuples chrétiens.

D. Prouvez-moi qu'il n'y a point de mère en dehors des peuples chrétiens.

R. Parcourons les différents peuples du monde. Aux Indes, le fils vend sa mère et la prostitue : donc celui-ci n'est pas fils et celle-là n'est pas mère. A Java, le fils adulte ne paraît plus devant sa mère parce que le père craint un rival dans son fils : donc celui-ci n'est pas fils et celle-là n'est pas mère. En Chine, de fait et de droit, la plupart des mères ne sont point regardées comme mères de leurs enfants; elles en sont les esclaves : donc elles ne sont pas mères. Il en est ainsi chez tous les peuples sauvages de l'Afrique, de l'Amérique et de l'Océanie. Partout les fils frappent, insultent, méprisent, vendent comme esclave ou comme prostituée la femme qui leur a donné le jour, et on voit des anthropophages frapper et dévorer leur mère. Cela est historique et contemporain, quoique invraisemblable et en apparence fabuleux.

D. D'où viennent toutes ces horreurs?

R. De l'abrutissement de la débauche, qui est en possession de dissoudre tous les peuples autres que les peuples chrétiens, lesquels, malgré leurs prévarications, renferment encore dans leur sein l'élément de la chasteté.

Je ne crois pas exagérer en affirmant que tous les peuples non chrétiens sont une masse en décomposition (1). Et les preuves de cette assertion sont telles qu'il n'est pas même possible de les articuler.

D. Que s'ensuit-il?

R. Il s'ensuit que le travail, la ténacité,

____

(1) La haine du christianisme, et l'athéisme qui survient aujourd'hui, menacent évidemment l'Europe entière de décomposition. (*Note de* 1871.)

l'espoir et la volonté du progrès, le courage, l'inspiration et le génie, toute force sociale, en un mot, est éteinte chez ces peuples. Ils dorment dans la volupté; et les fortes et mâles races chrétiennes, dont le sang a été consacré et pénétré d'une énergie incalculable par la chasteté du moyen âge, dominent ces peuples comme l'homme gouverne les animaux. Aux Indes, un capitaine anglais, avec une compagnie de soldats, gouverne en maître absolu des millions d'hommes. La Compagnie des Indes, avec vingt mille hommes de troupes anglaises, gouverne cent millions d'hommes.

D. Je comprends maintenant que la débauche est un crime social.

R. Je m'étonne que vous ne l'ayez pas compris plus tôt.

D. Que doivent donc faire les peuples chrétiens, dans leur soif de progrès social, pour avancer véritablement ?

R. Ils doivent, de toutes leurs forces, augmenter la solidité, l'unité, l'indissolubilité, la sainteté de la famille, qui est l'élément social et le gouvernail secret de toute la société.

Les peuples du schisme grec, Grecs et Slaves, doivent renoncer à leur divorce, qui est pour moitié dans leur décadence sociale ; les protestants doivent renoncer à leur divorce, loi funeste qui n'a pas sensiblement attaqué l'Angleterre, parce qu'elle n'y est pratiquée que par un petit nombre de riches, mais qui devient dangereuse en Prusse, parce que la pratique en est plus générale. Les Polonais enfin ne se relèveront qu'en renonçant à deux choses qui les tuent, le servage et la pratique habituelle et frauduleuse du divorce. Les peuples catholiques de France, d'Italie, d'Espagne, et la moitié catholique de l'Angleterre, ont à remplir un premier devoir s'ils veulent conduire le monde à ses grandes destinées, c'est de raffermir et de régénérer leurs mœurs ; c'est de glorifier la famille, de détruire la débauche, l'adultère et la prostitution. La vertu donnera aux nations plus de force et d'élan que l'érection des barricades, que l'explosion des guerres civiles et que l'égorgement mutuel des frères.

Avec la vertu viennent la force, le génie, le dévouement, le désintéressement, l'abondance, la liberté, la gloire et le progrès.

Qu'on le sache bien : la vertu seule, qui consiste à fouler aux pieds les deux formes de l'égoïsme, l'orgueil, sa forme élevée, et la sensualité, sa forme basse, la vertu seule fait jaillir l'amour fraternel du sein de l'égoïsme vaincu.

IX

LES CRIMES SOCIAUX. — LE MENSONGE ET LE FAUX TÉMOIGNAGE.

D. Pourquoi dites-vous que le mensonge est un crime social? Dans quel cas le mensonge est-il surtout désastreux pour la société?

R. Dans le cas du mensonge public pratiqué la plume à la main.

D. Qui pratique ce mensonge?

R. Un très-grand nombre de littérateurs.

D. Les littérateurs sont donc très-dangereux?

R. Les littérateurs, qui sont les rois de l'opinion, quand ils ne sont pas purs, dévoués et sincères, sont dangereux au même titre que des rois fourbes et corrompus.

D. L'Evangile fait-il allusion quelque part au crime du mensonge littéraire?

R. L'Evangile nous montre le Christ, c'est-à-dire l'éternelle vérité, combattu, repoussé, calomnié, condamné, crucifié par deux espèces de menteurs, par les hypocrites de ce temps, appelés *pharisiens*, et par les lettrés, nommés *scribes*.

D. Pour ne parler que des lettrés, sont-ils encore aujourd'hui contraires à l'éternelle vérité?

R. Oui, beaucoup d'entre eux l'altèrent par le mensonge ou la combattent directement.

D. Exercent-ils beaucoup d'influence?

R. Une très-grande influence, parce qu'ils ont en main le journalisme, qui est, dans la société moderne, un pouvoir public organisé et inviolable, aussi puissant au moins que l'ensemble du gouvernement, pouvoir exécutif, législature et administration réunis.

D. Comment les lettrés abusent-ils de ce pouvoir?

R. Ils en abusent en le faussant par le mensonge.

D. Quelle est la forme de mensonge habituelle au journalisme?

R. C'est le faux témoignage sur les événements contemporains et quotidiens.

Un journal coupe l'histoire contemporaine en deux ; il prend l'une des moitiés et jette l'autre. Il présente avec emphase le côté favorable à sa cause, et ne dit jamais un seul mot de l'autre.

D. Mais cela n'est pas précisément mentir ; c'est dissimuler : le journal dit certaines vérités et ne dit pas les autres, voilà tout.

R. Vous vous trompez : il vous présente la moitié des faits, vous cache l'autre très-soigneusement, et il vous dit : Ceci est l'ensemble des faits. C'est là le mensonge proprement dit.

D. Mais si le journal du parti opposé en fait autant, il suffit de réunir toujours les deux journaux contradictoires pour avoir l'ensemble des faits.

R. Pas absolument, parce que ces deux journaux, pris ensemble, vous présentent la vérité coupée en deux, et d'ordinaire les deux moitiés ne sont pas plus la vérité qu'un corps humain coupé en deux n'est un homme vivant. Pour rapprocher les deux moitiés du vrai, séparées à dessein, et faire revivre le tout, qui est la vérité, il faut un soin, une attention, une critique et un discernement dont presque personne n'est capable.

D. Qu'en résulte-t-il?

R. Que, par le fait, la partialité mensongère des journaux partage un peuple en deux moitiés, dont l'une voit blanc et l'autre noir en face du même objet.

D. Qu'en résulte-t-il encore ?

R. La colère, la défiance et la haine; la lutte, la guerre, le fratricide.

D. Mais alors le mensonge littéraire est donc bien criminel?

R. Il n'y a pas de plus grand crime social; c'est un poison public qui enivre les frères et les pousse à s'égorger.

D. Et quand ils ne s'égorgent pas ?

R. Quand ils ne s'égorgent pas, ils consument leur feu et leurs forces dans un perpétuel pugilat de paroles, d'opinions, d'efforts et de tendances contraires; et l'on voit les plus vigoureuses nations, divisées et scindées, animées dans leurs deux côtés d'impulsions égales et contraires, tourner sur elles-mêmes pendant de longues séries d'années sans avancer d'un pas dans la voie du progrès social.

D. Quel est le remède à ce mal?

R. Je ne vois de remède à ce mal que dans une autre législation sur la presse, soutenue d'autres mœurs littéraires.

D. Comment concevez-vous le changement des mœurs littéraires?

R. Le voici. La presse est le dernier venu des pouvoirs sociaux; des deux autres, l'un remonte à l'origine du monde, l'autre à la naissance du Christ; le troisième, impossible avant l'imprimerie, n'est consacré en France, organisé et inviolable que depuis soixante ans. Ce pouvoir est un pouvoir de fait depuis la mort de Louis XIV. Sous Louis XIV, le génie, la raison, la science ont mérité le sceptre du monde et ont donné aux lettres la force de le prendre. Les lettrés du XVIIIe siècle, les premiers, ont pris ce sceptre pour gouverner; mais, comme leur caractère et leurs mœurs n'étaient pas à la hauteur de leur talent et de leur esprit, leur règne n'a été qu'une *régence* littéraire et une orgie comme celle de la régence et de la royauté de ce siècle. On dirait que les lettres, par l'impulsion presque divine imprimée au XVIIe siècle, sont parvenues, au xviiie siècle, à l'âge de puberté et de fécondité sociale. Arrivées là, elles ont agi comme la plupart des hommes; elles ont commencé par l'abus, par la débauche, et cette ère de débauche dure encore. Or, de même qu'on a vu de jeunes hommes revenir à l'ordre et à la gravité virile, à la chasteté conjugale, par conviction morale et par foi religieuse, de même il est possible qu'un jour, et bientôt, l'esprit français, dégoûté d'une débauche séculaire, couronnée par l'orgie de ces dernières années, se réveille dans sa noblesse, sa dignité, comprenne enfin qu'il est pontife et roi, et redemande des inspirations à Dieu pour gouverner la terre (1).

D. Cette conversion des lettrés serait en effet admirable, et on conçoit réellement qu'ils puissent s'élever à une ambition plus haute que celle d'empoisonner par des obscénités, par des impiétés, par des mensonges, par des calomnies, par des fables, de pauvres enfants dans les colléges, de pauvres filles dans leur oisiveté forcée, de pauvres ouvriers à leur travail, et tout un peuple dont ils étaient chargés de nourrir et d'éclairer l'esprit. Mais, en attendant ce miracle, que peut faire la législation?

(1) Le courage de la vertu.

R. La législation a ici d'immenses devoirs, presque encore absolument incompris parmi nous. Il faut pour le monde littéraire un code des délits et des peines. Comme la parole écrite est une nourriture publique, tout homme doit signer sa parole et en répondre. Quel homme d'honneur, quel esprit convaincu, droit et sincère refusera de signer sa parole et d'en répondre? Cela dit, voici la législation sur la presse, presse quotidienne ou autre, feuilles ou in-folio :

1° La presse est absolument libre ;

2° Toute parole écrite est signée, non de l'éditeur responsable , mais de son auteur même, qui en répondra seul ;

3° Tout délit ou tout crime littéraire est puni selon la loi.

Voilà tout. Mais que la loi soit énergique, qu'elle soit terrible, parce qu'il y va du sang du peuple, du salut de la France et du progrès du genre humain.

D. Une parole peut donc être un crime ?

R. Une parole est un crime comme une action, et plus encore ; car une parole est une semence d'actions.

D. Quels sont les crimes que l'on peut commettre en paroles ?

R. Les mêmes que l'on peut commettre en actions.

D. Expliquez-vous.

R. La loi de l'humanité, nous l'avons vu, se résume en deux mots : aimer Dieu et ses frères. D'où il résulte que le crime est toujours haine ou mépris de Dieu et de ses frères.

D'où il suit que quiconque insulte Dieu directement ou indirectement, quiconque porte la moindre atteinte à la foi vive et amoureuse par laquelle tout cœur d'homme doit tenir au cœur et à l'inspiration de Dieu, notre Père tout puissant, notre perpétuel conducteur, notre continuel bienfaiteur, celui-là travaille à détacher les hommes de la vie, qui est Dieu; son crime est le crime d'homicide, et il attaque véritablement la vie morale, la vie intellectuelle et la vie corporelle de ses frères.

Il est clair que quiconque excite à la haine, au mépris, à la colère, par mensonge, par calomnie, par injure, par médisance, celui-là frappe ses frères et frappe la société.

Telle est la mesure à laquelle on peut estimer les délits et les peines littéraires.

D. Le mensonge ne se produit-il pas sous d'autres formes que sous la forme littéraire pour attaquer la société?

R. Oui, il y a le mensonge en action.

D. Qu'appelez-vous le mensonge en action au point de vue social?

R. J'appelle ainsi toutes les trames ténébreuses des sociétés secrètes et des conspirations.

D. Est-ce donc que toute participation à une conspiration et à une société secrète est toujours un mensonge et un crime? Est-ce que les premiers chrétiens ne formaient pas une société secrète et ne se cachaient pas dans les ténèbres des catacombes?

R. Les premiers chrétiens professaient au grand jour leur foi, et ils versaient leur sang, plutôt que d'en nier un seul article, dès qu'ils étaient interrogés, ou qu'ils se présentaient d'eux-mêmes pour apporter à leurs frères aveugles la vérité qu'ils possédaient. Mais ils allaient dans les catacombes pour pratiquer leur culte, parce qu'on ne leur laissait pas d'autre temple, et jamais ils ne conspiraient contre la société qui les traquait et les martyrisait.

D. Ne peut-on pas encore aujourd'hui se cacher pour conspirer l'amélioration d'une société aveugle qui s'obstine dans l'ornière du passé?

R. Cela me semble absurde, inutile, criminel en tout temps et aujourd'hui mille fois plus que jamais.

D. Pourquoi est-ce inutile et absurde en tout temps?

R. Parce qu'on ne fait jamais avancer une société malgré elle, par surprise et par coups de main ; on fait avancer la société librement, en l'éclairant, en l'animant par la parole et par l'exemple. Aucune force ne peut faire avancer un peuple malgré lui. D'ordinaire vous le faites reculer en voulant le pousser par force.

D. Pourquoi est-ce criminel?

R. Parce que d'abord il faudrait être absolument certain d'avoir soi-même raison, ce que tout homme et toute minorité modeste et

raisonnable devraient parfois mettre en question.
Si l'on a tort, si l'on a une seule chance d'avoir tort, quel crime que d'attaquer à faux, sournoisement, par derrière, un peuple qui a raison ! Enfin, fût-on certain d'avoir raison, le mieux, qui ne le sait ? le mieux est l'ennemi du bien, pour un peuple qui n'en veut pas, ou qui est incapable de le porter. Dieu même, dans l'Evangile et dans les Livres saints, Dieu dit aux hommes : Vous n'êtes pas maintenant capables d'en porter davantage ; je vous laisse à ce point : je vous tuerais, si je voulais en ce moment vous faire porter la justice tout entière.

L'homme et la société sont en croissance et en éducation. Dieu éclaire, fortifie, développe graduellement l'humanité. A chaque saison son fruit, à chaque jour son mal et sa peine, à chaque heure sa prière et son inspiration.

D. Pourquoi dites-vous que la voie des conspirations et des sociétés secrètes est aujourd'hui plus inutile, plus absurde et plus criminelle que jamais ?

R. Parce qu'il n'y a plus lieu à société secrète ni à conspiration quand on possède la liberté de la presse, la liberté d'association et le suffrage universel. La société secrète ne saurait plus être aujourd'hui qu'une manie des caractères fourbes, qu'un crime des volontés perverses, entraînant avec eux des hommes inattentifs.

D. Mais quand la liberté de la presse et la liberté d'association sont limitées, que doit-on faire?

R. Alors ce qu'on en tient suffit vingt fois pour conquérir ce qu'il en faut avoir.

D. Et si le peuple fait un mauvais usage du suffrage universel?

R. C'est un malheur absolument irréparable, auquel chacun de nous doit se soumettre très-humblement. Quand la France a parlé, et que chacun de vos frères, sans aucune exception, avec un droit égal au vôtre, a dit sa volonté, dont le poids est et doit être égal au poids de votre volonté, de quel droit venez-vous nous dire : Ce n'est pas cela! Quel est l'individu ou la coterie qui osera dire à la France : Taisez-vous, laissez-moi parler seul? Je sais qu'il y a vingt coteries et cent mille hommes peut-être qui osent dire aujourd'hui : *La France, c'est moi.* Mais leur dire est certes plus stupide et plus absurde que celui de Louis XIV, quand il disait : *L'Etat, c'est moi.* Il n'y a qu'un égoïsme aveugle, passionné, féroce, qui ne comprenne que la France tout entière est plus que chacun de nous. Quand des frères mettent aux voix l'usage que l'on fera d'un jour de fête, après qu'on a compté les voix, il n'y a plus qu'une voix : celui qui cède fait aussi bon visage que celui qui l'emporte. Celui qui ne se soumet pas à tous est un sot et un fâcheux, quand il s'agit d'une fête ; s'il s'agit de grands intérêts, c'est un faux frère.

D. Mais si la majorité s'est trompée et marche vers un précipice ?

R. On la prévient et on lui montre le précipice : votre voisin a des yeux comme vous.

D. Oui ; mais pour les choses morales, sociales, mon voisin est aveugle ?

R. J'en conviens ; mais pour les choses morales, sociales, vous êtes exactement aussi aveugle que le voisin. Peut-être même, comme le dit l'Evangile, vous avez une poutre dans l'œil, tandis qu'il n'a qu'une paille dans le

sien ; et vous dites à votre frère : Laisse-moi
tirer la paille de ton œil. Hypocrite, vous ré-
pond l'Evangile, ôtez d'abord la poutre de
votre œil, et vous verrez ensuite comment tirer la paille de l'œil de votre frère.

D. Mais, supposant qu'on ait raison, que faut-il
faire ?

R. Il faut commencer par le plus important,
et ne pas tomber dans un mal absolu pour
éviter un mal relatif. Il faut commencer par
ne pas se haïr entre frères, ce qui est le mal
social absolu : tant que l'on marche ensemble,
tout autre mal social est relatif et passager.
Faites donc comme vous feriez pour de bons
frères qui, après avoir délibéré si l'on ira vers
la montagne ou vers la plaine, ont choisi malgré vous la plaine. Il y a, disiez-vous, des en-
nuis dans la plaine : il y a trop de rosée sur
l'herbe et trop de sable au bord de la rivière ;
soit, mais vos frères préfèrent le sable qui
ralentit la marche et la rosée qui mouille les
piétons aux dangers des voleurs, des précipices, des avalanches dans la montagne.

D. Y a-t-il encore en France des sociétés secrètes ?

R. Cela n'est pas probable. Il peut y avoir des sociétés de filous et d'escrocs ; mais les seciétés secrètes politiques sont si visiblement absurdes et criminelles, qu'il faut croire ce moyen de vaincre abandonné de tous les partis.

D. Quelle est en général l'origine et la cause des sociétés secrètes ?

R. Voici, sauf exception, l'origine des sociétés secrètes.

Il y a malheureusemennt parmi les hommes des natures fourbes, des esprits menteurs, des âmes sans foi, qui ne croient pas à la puissance de la justice et de la vérité, qui sont dans le faux et dans l'iniquité, qui veulent régner et posséder, mais sentent qu'ils ne le peuvent que par mensonge et par violence : c'est la race des méchants, la lignée des menteurs et des fils de Caïn, qui ont le goût de la ruse, du poignard, l'instinct du souterrain, le besoin des ténébres. Cette race a toujours existé dans le monde : de même qu'il y a, dans l'ensemble de l'humanité, deux grandes races sociales bien distinctes, qui sont les sauvages et les civilisés (ceux-ci prétendent adorer Dieu, l'ordre, la justice, la vérité ; les autres prétendent adorer le mal et le mauvais esprit), il y a de même au sein de chaque peuple, par suite du choix libre de l'homme en faveur du bien ou du mal, même chez les peuples où l'ordre est prépondérant, un noyau d'ennemis directs de tout ordre et de toute société. Il y a dans chaque nation l'*anti-nation*.

Au fond, l'ordre social, c'est le respect d'autrui, de la vie et du droit d'autrui ; c'est le respect de la parole et du contrat ; le respect de l'unité et de la sainteté de la famille. C'est là l'ordre, le droit, la condition sociale. Or, il y a des hommes qui veulent prendre, quand il leur plaît, la vie, le bien, le droit, la femme d'autrui à travers tout contrat et toute loi. Il y a des hommes qui ont réglé et décidé qu'ils agiraient ainsi quand ils pourraient. Voilà l'anti-nation.

L'ordre social est un niveau : c'est le niveau de l'égoïsme mitigé, tempéré par la justice et la raison, et bridé par la loi.

Or, il y a des hommes au dessus de l'ordre social proprement dit, et il y a des hommes au dessous de l'ordre social.

Les premiers travaillent à le faire avancer, à l'élever de l'égoïsme mitigé à l'égoïsme vaincu, de la stricte justice à la fraternité.

Les seconds travaillent à le détruire et à le faire passer de l'égoïsme mitigé à l'égoïsme triomphant, de la justice à l'injustice, du règne de la loi au règne de la force, de l'audace et du brigandage. Ils travaillent contre l'ordre social en faveur du désordre sauvage.

D. Pourriez-vous citer des hommes et des doctrines supérieures à l'ordre social proprement dit?

R. Je n'en connais qu'un seul exemple, c'est Jésus-Christ, sa doctrine, ses disciples.

D. Jésus-Christ est-il donc venu détruire l'ordre social actuel ?

R. En aucune sorte ; il dit, au contraire : « Je ne suis pas venu détruire la loi, mais l'accomplir ; » c'est-à-dire que l'esprit du Christ maintient l'ordre social et l'élève, tandis que l'esprit contraire, inférieur à l'ordre social et à la raison publique, détruit l'ordre social par le crime.

D. Comment l'esprit de Jésus-Christ maintient-il l'ordre social en l'élevant ?

R. Jésus-Christ maintient d'abord toutes les lois sociales qui constituent la justice naturelle ; puis il renchérit sur ces lois par la charité, qui est surnaturelle.

D. Où est exposée la doctrine de Jésus-Christ ?

R. Dans le sermon sur la montagne, cette doctrine est exposée par la bouche de Jésus-Christ même.

Dans cette admirable instruction qui résume, en deux pages, tous les devoirs de l'homme envers Dieu et envers ses frères, Jésus-Christ pose et maintient les lois qui condamnent l'homicide, l'adultère, le vol et le mensonge ; il ajoute à chacune de ces lois, et demande aux hommes ce qu'il appelle « une justice plus abondante. » Voici le résumé de cette divine leçon.

« L'ancienne loi vous a dit : *Tu ne tueras point.* Moi je vous dis de plus : Tu ne t'irriteras point contre ton frère ; tu ne lui feras jamais aucun mal, et s'il te frappe sur une joue, tu lui présenteras l'autre.

« L'ancienne loi vous dit : *Tu ne commettras point d'adultère.* Moi je vous dis de plus : Quiconque a regardé une femme avec un mauvais désir a déjà commis l'adultère dans son cœur.

« La loi disait : *Tu ne mentiras pas*, tu ne porteras pas de faux témoignage. Moi je vous dis : N'abusez pas de la parole ; que votre parole soit simple ; dites : *Cela est, cela est ; cela n'est pas, cela n'est pas.* Car ce qui est de plus vient du mal.

« La loi disait : *Tu ne déroberas pas.* Moi je vous dis : Si quelqu'un veut te faire un procès pour avoir ta tunique, abandonne-lui encore ton manteau ; donne à qui te demande ; ne détourne jamais ton visage de celui qui veut emprunter de toi. »

Et il résume ainsi ses instructions : « On vous a dit : Vous aimerez votre prochain, et vous haïrez votre ennemi. Moi je vous dis : Aimez vos ennemis, faites du bien à ceux qui vous haïssent, et priez pour ceux qui vous persécutent· et qui vous calomnient, afin que vous soyez les enfants de votre Père céleste, qui fait lever son soleil sur les bons et sur les méchants, et verse sa rosée sur les justes et sur les injustes. »

Vous comprenez que ceci c'est l'esprit de Dieu manifeste.

D. Oui, certes ! Mais pourriez-vous me citer des exemples de l'esprit contraire ?

R. L'esprit contraire à l'esprit du Christ est ce que l'on appelle l'anti-christianisme.

D. Peut-il y avoir une doctrine directement contraire au christianisme ? Le christianisme enseigne à aimer Dieu par dessus toutes choses, et ses frères comme soi-même. Quelqu'un peut-il enseigner le contraire ?

R. On ne le croirait pas possible. Cependant le contraire est enseigné aujourd'hui parmi nous, formellement et dogmatiquement.

D. C'est ce que je ne croirai que quand je le verrai. Citez les textes, s'ils existent.

R. Voici les textes :

« Dieu, s'il existe, est essentiellement hostile à notre nature... Nous arrivons à la science malgré lui, au bien-être malgré lui ; chacun de nos progrès est une victoire dans laquelle nous écrasons la Divinité.

« Dieu, c'est sottise et lâcheté, hypocrisie

et mensonge, tyrannie et misère ; Dieu, c'est le mal.

« La conclusion de la science sociale est celle-ci : Il n'y a pour l'homme qu'un seul devoir, qu'une seule religion, c'est de renier Dieu. *Hoc est primum et maximum mandatum.*

« Que le prêtre se mette enfin dans l'esprit que la véritable vertu, celle qui nous rend dignes de la vérité éternelle, c'est de lutter contre la religion et contre Dieu. »

D. Qui a pu dire de pareilles choses ?

R. Ecoutez d'abord la suite. Vous venez d'entendre ce qui concerne Dieu ; voici ce qui concerne nos frères :

« Vainement vous me parlez de fraternité et d'amour. Je suis convaincu que vous ne m'aimez guère, et je sens très-bien que je ne vous aime pas.

« La charité, c'est une infâme mystification.

« Souvenez-vous et n'oubliez jamais que la piété, le bonheur et la vertu de même que la patrie et la religion sont des masques.

« Le cœur du prolétaire comme celui du riche n'est qu'un foyer de luxe et d'imposture. »

D. Qui a écrit ces lignes?

R. Parlons du livre, non de l'auteur. Nous ne savons si l'auteur parle ainsi de son propre fonds, ou si sa doctrine est d'emprunt, ou si elle n'est que provisoire. Dans le premier cas, son auteur serait bien à plaindre ; dans le second cas, il faut lui appliquer ces paroles du Christ : *Pardonnez-leur, mon Père, car ils ne savent ce qu'ils font.*

D. Quoi ! vous ne condamnez pas absolument l'homme qui énonce de pareilles doctrines?

R. Non ; nous condamnons les doctrines, mais il n'est jamais permis de dire, en nommant un homme par son nom : Cet homme est méchant.

D. Pourquoi?

R. Parce que nous n'en savons rien. Le cœur n'est pas toujours d'accord avec les actes ou les paroles.

D. Mais comment expliqueriez-vous l'état intellectuel d'un homme capable de penser ainsi de son propre fonds, et dont le cœur serait d'accord avec l'esprit?

R. Cet état intellectuel est décrit et connu depuis des siècles ; Platon, Leibnitz, et d'autres observateurs considérables, ont remarqué qu'il y a des hommes dont l'esprit et le cœur opèrent à rebours. Dans ce cas, on aime le mal, on hait le bien ; on voit les idées à l'envers ; on dit : — Dieu, c'est le mal ; — l'être, c'est le néant ; — la vertu, c'est le vice ; le vice, c'est la vertu ; — la propriété, c'est le vol ; le vol, c'est la réparation ; — la conscience, c'est l'obstacle à tout bien ; — la religion, c'est l'athéisme.

D. Comment expliquez-vous l'existence et la possibilité d'une pareille maladie ?

R. C'est que le cœur de l'homme est libre de choisir l'égoïsme ou l'amour. L'amour, c'est la vie ; donc l'égoïsme, c'est la vie à rebours. Dès lors l'âme qui a choisi l'égoïsme est retournée : elle sent à rebours, et l'esprit, toujours fidèle image du cœur, pense et voit à rebours.

D. Quoi qu'il en soit, cette doctrine est donc l'anti-christianisme ?

R. Précisément.

D. Y a-t-il toujours eu des esprits ainsi renversés ?

R. Toujours ; et ces esprits, inférieurs à l'ordre social, à la justice, à la raison, ont formé en général le fond des sociétés secrètes de tous les temps et de tous les lieux.

D. Y en a-t-il eu des exemples dans l'antiquité ?

R. Il y en a beaucoup d'exemples : telles étaient la plupart des initiations aux mystères des dieux. Mais il y en eut un exemple insigne vers le ve siècle de la république romaine.

On découvrit un jour à Rome que la ville renfermait environ huit mille membres d'une secte infâme dont le principe fondamental était ceci : « Savoir que rien n'est mal, voilà toute la religion. » Les initiés étaient éprouvés par la perpétration de tous les crimes. La société immolait, dans ses orgies, ceux qui fléchissaient. Le meurtre, le viol, les crimes contre nature, commis en séance ; le faux témoignage, les falsifications de signatures, les suppositions de testaments, étaient leurs pratiques. Il y avait des initiés dans le sénat, dans la noblesse, dans tous les rangs du peuple, beaucoup de femmes. On s'assemblait sous prétexte de célébrer le culte de Bacchus.

Le peuple romain ayant découvert ce nid de vipères, fit fermer les portes de Rome : on saisit tout, on obtint des aveux complets ; on mit à mort quatre mille des plus coupables, et on bannit le reste. Vous pouvez voir les détails dans Tite-Live, livre 39.

Grâce à Dieu, grâce à la présence réelle du Christ, de telles horreurs et par suite de tels châtiments n'ont plus de place dans le monde moderne. Les méchants absolus, qui au sein des peuples chrétiens portent en eux cet esprit satanique, ne sont, quoique prodigieusement dangereux, que des exceptions et des monstres.

X

RÉSUMÉ DES QUATRE PRÉCÉDENTS CHAPITRES.

D. Qu'avons-nous vu dans ces quatre chapitres?

R. Nous avons vu qu'il y a quatre crimes sociaux : 1° l'homicide ; 2° l'adultère et la débauche ; 3° le vol ; 4° le mensonge et le faux témoignage.

Ces crimes sont l'obstacle social. Le premier divise entre eux les peuples par des traces de sang. Le second dissout la famille, qui est l'élément social, ou énerve directement l'individu. Le troisième, consistant à prendre, est le contraire de la fraternité, qui consiste à donner. Le quatrième envoie aux peuples le vertige de l'erreur et mine en dessous la société.

D. Quel progrès de fraternité pouvons-nous espérer tant qu'on ne sera pas décidé avant tout à ne pas tuer, à ne pas voler, à ne pas trahir, à ne pas mentir, à ne pas se ruiner de débauche?

R. Aucun. Voilà pourquoi la culture morale et religieuse de l'individu est, au fond, le vrai moyen du progrès social.

D. Quelles sont les vertus sociales qu'il est possible et nécessaire d'acquérir?

R. Ce sont les suppléments à la justice antique que Jésus-Christ nous indique, quand il nous demande une justice plus abondante que les anciens et nous enseigne l'*accomplissement* de la loi.

D. Quels sont ces suppléments?

R. 1° Le supplément à la loi qui défend l'homicide, c'est d'éviter même la colère et l'injure, et de ne pas rendre l'injure ni le soufflet reçu. Il est à remarquer qu'ordinairement une douceur absolue désarme l'adversaire. « Heureux ceux qui sont doux, parce qu'ils « posséderont la terre. »

2° Le supplément à la loi qui défend l'adultère, c'est la chasteté intérieure. La chasteté affermit la famille, élément social, et grandit les individus; car les âmes qui ne se répandent pas grandissent. La pureté est la principale source de la science, du génie et de la sagesse. « Heureux ceux qui sont purs, parce « qu'ils verront Dieu. »

Il est un autre fruit de la chasteté, trop peu connu, quoique bien manifeste : c'est que les peuples dépravés n'ont pas d'amour. Les peuples chastes seuls sont capables d'amour. L'amour, chez les peuples chastes, grandit la femme, en fait la compagne de l'homme, lui donne l'être social, et double ainsi la force de l'humanité.

3° Le supplément à la loi qui défend le mensonge est le respect, la gravité de la parole. Dans ce cas, la parole devient lumière et aliment; elle vivifie et elle bénit ce qu'elle atteint; elle répand dans les peuples la sagesse, la lumière, la foi, le sens du beau, le germe des grandes choses.

4° Le supplément à la loi qui défend le vol, c'est la générosité sans limites; non pas seulement cette générosité qui disperse l'aumône, mais la générosité permanente, la charité vivante, et cette pérennité d'amour et de miséricorde qui consacre sa vie au salut corporel, moral, intellectuel et religieux du genre humain. « Heureux les miséricordieux, parce « qu'ils obtiendront eux-mêmes miséricorde. »

———

D. Donnez-nous quelque exemple du bien que produirait l'application de ces principes.

R. En voici un. Supposons seulement que la loi religieuse et morale qui défend la colère et l'injure, ce complément de celle qui défend l'homicide, entrât dans nos mœurs littéraires.

D. Qu'en résulterait-il ?

R. Le retour à la vie, au lieu de la dissolution et de la mort.

D. Comment cela ?

R. Parce qu'alors la presse serait transformée et vivifierait tout, au lieu de tout dissoudre.

D. Quel est donc aujourd'hui le caractère général de la presse ?

R. La méchanceté.

D. Que lui souhaitez-vous ?

R. La bonté.

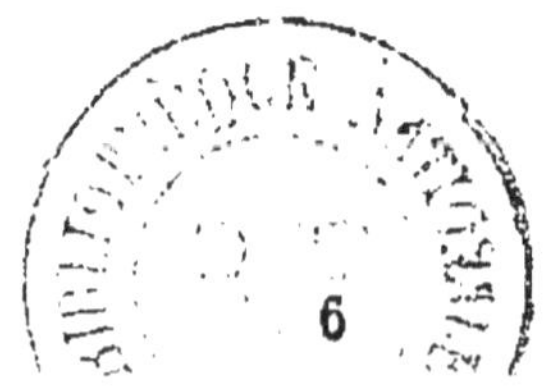

D. Comment la presse peut-elle passer de la méchanceté à la bonté?

R. Cela n'est pas facile. Tout journal, au lieu de se dire chaque jour : Qu'ai-je à renverser aujourd'hui? devrait se dire : Qu'ai-je à bâtir ou à planter? Tout écrivain, au lieu de se dire chaque jour : Qui frapperai-je aujourd'hui? devrait se dire : A qui tendrai-je la main?

Les lettres devraient prendre enfin pour devise ces vérités évangéliques : « Bienheureux sont les pacifiques, bienheureux sont les miséricordieux, bienheureux sont les doux, parce qu'ils posséderont la terre. »

D. Quels sont les principaux obstacles à cette conversion de la presse?

R. Il y a d'abord cette fausse maxime : qu'un journal doux et pacifique n'a pas de lecteurs; maxime vraie pour la douceur fade et pour la paix poltronne, fausse pour la paix armée et pour la douceur sympathique. Il y a ensuite la force de l'habitude. Beaucoup d'écrivains d'un haut talent ont, par suite d'habitude, la plume noire, le ton sombre et le style spadassin. Changer de ton, changer de style est difficile. C'est un pli pris. La verve est acariâtre et non pas sympathique : on sait blâmer, on ne sait pas louer.

D. Est-ce un grand mal ?

R. C'est un incalculable malheur : le ton haineux, hargneux, qui se généralise, tend à la dissolution de la France. Nous sommes perdus si nous ne savons nous corriger. On dirait que le caractère de la France tourne à l'aigre. On oublie l'incomparable force de la douceur et l'incomparable grandeur de la bonté. « La France est bonne, avait-on dit ; il n'y a « que les grands cœurs qui sachent ce qu'il y « a de gloire à être bon. La France est bonne ! » Peut-on le dire encore ? Est-il certain que le caractère de la France ne change pas ? Voici tout à l'heure soixante ans que nous vivons de colère et de malédictions, de massacres et d'échafauds, de guerres et de barricades, d'incurables rancunes, de vendetta publique. Tout dénigrer, tout blasphémer, tout renverser et tout briser, voilà les mœurs fomentées par la presse ; les écrivains dénigrent et brisent dans les journaux ; les enfants dénigrent et brisent dans les écoles et les colléges ; les politiques brisent partout et toujours. Tout casseur est d'abord populaire ; dans la rue on brise tout, vitres, boutiques, trottoirs, chaussées ; et allez donc dire dans la rue qu'il ne faut point briser ! On veut briser la société entière, sans qu'il en reste rien, comme des écoliers révoltés mettent en morceaux tout le mobilier d'un dortoir ; et l'on prend pour devise ce qu'inscrivait sur sa bannière une école primaire en révolte : A BAS TOUT ! Et, dans cette colère ridicule, on sait être au besoin méchant et sanguinaire !

Aussi ce noble élan d'enthousiasme et d'impétuosité généreuse que l'Europe, souriant et admirant à la fois, appelait *la furie française,* va se nommer maintenant *la crânerie française.*

D. Qu'est-ce que cela veut dire ?

R. Cela veut dire que notre vivacité d'enthousiasme commence à se mêler de vinaigre et de fiel, et que nous devenons méchamment et incurablement querelleurs, comme les Grecs du temps d'Alexandre, comme ceux du Bas-Empire, comme les républiques italiennes, comme celles de l'Amérique du Sud (faut-il ajouter comme l'Espagne?), en un mot comme toutes les nations qui s'éteignent.

D. Quand le caractère d'un peuple s'aigrit, c'est donc un bien mauvais symptôme?

R. C'est un commencement de décomposition. Consultez les naturalistes, ils vous diront que la *fermentation acide* est le premier degré de la putréfaction.

Malheur à tout ce qui perd le calme, la douceur, la sérénité, la bonté !

D. Pouvons-nous revenir à la bonté?

R. Nous le pouvons. Nous sommes malades, mais je crois que nous guérirons. Il y a encore assez d'intelligence dans nos esprits et de générosité dans nos cœurs pour comprendre enfin la doctrine du Christ : « Aimez vos « ennemis, bénissez ceux qui vous maudis-« sent, priez pour ceux qui vous persécutent « et qui vous calomnient, afin que vous soyez « les enfants de votre Père céleste, qui verse « son soleil sur les méchants comme sur les « bons. »

D. Mais si nos ennemis nous attaquent?

R. Nos ennemis nous traiteront-ils plus mal

que les bourreaux du Christ ne l'ont traité?
Sur la croix, pieds et mains percés, le Christ a
refusé de boire le vinaigre et le fiel. C'était
une souveraine leçon donnée à tout le genre
humain.

D. Que faut-il donc faire?

R. Être bon toujours, être doux quand
même.

D. Mais la douceur continuelle est fausse et impuis-
sante.

R. Non, elle est vraie et toute puissante.
Elle est toute puissante, car c'est l'unique procédé du Christ, le conquérant du monde moral.
Elle est vraie, parce que Dieu est notre Père,
et que nous sommes tous frères, sans une seule
exception. Jusqu'à quand refuserons-nous
donc de croire ce dogme fondamental de l'universelle et infaillible religion? Jusqu'à quand
refuserons-nous d'essayer tout au moins de
le pratiquer en paroles, afin de nous exciter
et de nous exercer peu à peu à le pratiquer en
action?

D. Quel serait donc, de ce point de vue, le devoir
des écrivains?

R. Leur devoir est de changer de style et d'être bons d'esprit, comme chacun veut l'être de cœur. Leur devoir est d'apprendre à bénir, à respecter, à exhorter, à encourager, à louer; à corriger par l'indulgence, à féconder par la sympathie; à tendre la main, à voir l'idée d'autrui; à découvrir, soit dans les hommes, soit dans les choses, le bien, si faible qu'il soit; à le dégager comme une étincelle sous la cendre, à l'animer d'un souffle ami, et à le propager; à répandre enfin dans un peuple la contagion de la fraternité. Si beaucoup d'hommes de foi, de cœur et de talent concevaient bien ce céleste idéal, et voguaient droit vers cette étoile, croit-on qu'un doux et glorieux triomphe ne couronnerait pas leurs efforts?

D. Quel serait ce triomphe?

R. Ce serait la renaissance des lettres, le vrai règne de la raison, une nouvelle création sociale par la parole; un grand siècle de science morale, sociale et religieuse, où, comme le dernier grand siècle a découvert les lois du monde physique, nous saurions découvrir

enfin les lois du monde moral ; un grand siècle
d'application sociale de ces saintes lois ; la re-
constitution, avec progrès, de l'unité européenne ; la conquête, si longtemps attendue,
de l'unité du globe ; la réalisation de la grande
prière catholique : « O Père, qui as donné à
« tes enfants ce globe pour le cultiver, fais
« qu'ils n'aient qu'un cœur et qu'une âme,
« de même qu'ils n'ont qu'une seule de-
« meure ! »

XI

L'ASSEMBLÉE UNIVERSELLE.

D. Nous voyons bien que le crime social est l'obstacle au progrès social, et que la pratique des vertus sociales est la condition du progrès. Mais sommes-nous donc réduits à nos efforts individuels, et n'y a-t-il pas quelque moyen public de faire marcher le monde?

R. Le grand moyen, c'est l'association volontaire de ceux qui veulent, comme le dit Jésus-Christ, une justice plus abondante que celle des anciens.

D. Les hommes qui s'associent dans ce but prétendent-ils donc renverser la justice existante?

R. Bien au contraire, ils prétendent la pratiquer tout entière. Ils prennent pour devise la parole du Christ : « Je ne suis pas venu détruire la loi, mais l'accomplir. » La justice est éternelle, et elle fait le fond nécessaire des sociétés.

D. Qu'est-ce donc que la justice plus abondante que la justice commune?

R. C'est la justice à laquelle on ajoute son complément.

D. Qu'est-ce que le complément de la justice?

R. C'est le dévouement et la charité.

D. Quelle est la principale des associations fondées dans ce grand but?

R. C'est celle qui se nomme l'assemblée universelle.

D. Je n'ai jamais entendu parler de cette société.

R. C'est qu'on a l'usage de l'appeler par son nom grec. Sous ce nom, il n'est personne qui ne la connaisse : c'est l'Eglise catholique. Eglise catholique veut dire, littéralement et mot pour mot, *assemblée universelle*.

D. Il se présente ici deux difficultés : premièrement, y a-t-il en effet sur la terre une société qui puisse se dire universelle? En second lieu, l'Eglise catholique représente-t-elle cette société?

R. Nous pouvons répondre affirmativement à ces deux questions.

D. Voulez-vous nous montrer d'abord qu'il existe une société qui puisse se dire universelle, ce que l'on n'a jamais entendu dire et ce qui peut sembler d'abord un paradoxe ?

R. Quelle idée vous faites-vous donc du genre humain? Croyez-vous que les hommes sont des points isolés, comme des grains de poussière ou de sable? Les hommes forment une unité naturelle et vivante, comme celle des fruits d'un arbre, qui tous se tiennent dans l'unité d'une sève commune.

D. J'entends ; mais alors l'assemblée universelle n'est autre chose que l'humanité même ?

R. Oui et non. Oui, parce qu'il devrait en être ainsi, et c'est ce que Dieu veut. Non, parce qu'il n'en est pas encore ainsi, par suite de la volonté libre de l'homme et des abus de la liberté.

L'assemblée universelle, c'est l'humanité, mais non pas tous les hommes. Il y a des hommes en dehors de l'humanité. Il y a les hérétiques du genre humain.

Ceux-là tiennent à l'humanité par un rapport de nature nécessaire ; mais nous appelons membres vivants de la grande assemblée ceux qu'y rattache un rapport volontaire et libre.

D. Quelles sont donc ces deux espèces d'hommes ?

R. Ce sont les bons et les méchants, les dévoués et les égoïstes, les justes et les prévaricateurs.

Les méchants et les égoïstes sont la partie dispersée du genre humain, mais les bons tiennent ensemble. Les égoïstes sont comme des fruits qui se ferment à la vie de la branche et du tronc, qui sèchent dans l'isolement, qui tombent de l'arbre universel et pourrissent seuls chacun de leur côté ; mais les bons et les dévoués tiennent ensemble au même tronc, et vivent d'une sève commune.

D. Ceci n'est qu'une image, donnez-nous des raisons.

R. Une bonne image est une raison. D'ailleurs, la preuve de cette doctrine, c'est qu'il n'en peut pas être autrement. Entre les hommes, entre Dieu et les hommes, l'isolement n'est qu'accident ; l'union est d'institution primitive et divine : donc tout ce qui n'est pas détaché par le mal tient à l'arbre.

D. Oui ; mais chacun sait, ou plutôt chacun voit que nous naissons dans l'égoïsme. Nous naissons donc détachés ou dispersés ?

R. Cela est parfaitement incontestable; c'est un mystère, mais c'est un fait. Nous naissons tous ainsi, nous naissons égoïstes et par conséquent dispersés. Mais qu'est-ce que ce travail qui commence dès la première enfance, et cette perpétuelle fermentation du cœur et de la pensée dans la lutte du bien et du mal? C'est l'épreuve de la liberté nécessaire à tout esprit libre. Or, l'épreuve tourne bien ou mal: les uns choisissent librement l'égoïsme et le mal, les autres le dévouement ou la justice. Par cela même, ces derniers se rattachent à Dieu, qui est justice, amour et source de dévouement; les autres s'en éloignent encore par l'impulsion et par le choix de leur volonté libre. Ceux-ci sont les hérétiques de l'humanité; ceux-là forment la grande association libre des hommes en Dieu, l'éternelle et universelle société.

D. J'insiste et je vous dis : Ce sont là de pures assertions. Je conçois ce bel idéal, mais en est-il ainsi dans la réalité?

R. Sur quel point porte votre doute? Doutez-vous que Dieu veuille l'union libre des hommes entre eux et avec lui? Non, certes.

Pour qu'il y ait entre Dieu et les hommes une union libre, il faut l'épreuve de la liberté. Est-ce ici que porte le doute? Cela n'est pas possible. Donc il peut y avoir, et il y a de fait, des hommes dans la justice et dans le dévouement, d'autres dans l'égoïsme et dans l'iniquité. Ici encore le doute n'est pas possible. Mais dès lors ceux qui sont dans le bien forment un camp, ceux qui sont dans le mal forment un autre camp. Mais comme la vérité est une, l'erreur multiple ; comme l'égoïsme divise pendant que l'amour unit, il s'ensuit que l'un des deux camps est un camp dispersé, tandis que l'autre est une armée en ordre ou une assemblée en séance.

D. J'avoue que les méchants sont dispersés, mais les bons sont-ils plus unis ? Tous les hommes ne sont-ils pas des brebis dispersées, un troupeau sans pasteur, comme le dit l'Evangile ?

R. Ceci s'applique à l'humanité dispersée, aux hommes qui n'ont pas fait leur choix, et qui flottent entre l'égoïsme et le bien. Mais il y a une assemblée réelle, une communion vivante des cœurs et des esprits unis en Dieu : ce sont les esprits et les cœurs qui veulent et pensent comme Dieu. Tous ceux qui veulent et pensent comme Dieu sont manifestement en Dieu et avec Dieu, unis en Dieu, unis dans une force infinie et dans un indissoluble faisceau.

D. Mais, je vous prie, où sont les hommes qui veulent et pensent comme Dieu ? Où sont ces héros, ces sages et ces génies ?

R. Les héros et les sages parmi les hommes ne sont pas ceux qu'on pense. « O mon Père, dit le Christ, vous avez caché ces choses aux sages et aux prudents, et vous les avez révélées aux humbles et aux petits. » D'ordinaire ceux que nous appelons les génies et les sages sont des scribes, des littérateurs, des parleurs et des orgueilleux, des penseurs sans amour et sans âme. Aucun d'eux ne pense avec Dieu. Mais voici ceux à qui Dieu révèle sa lumière avec son amour : ce sont, dans la masse du peuple enfant, tous ceux qui sont humbles et purs, tous les bons cœurs, les âmes tranquilles, les doux, les pacifiques, les désintéressés, les naïfs, les sincères, les modestes, les réservés, les victimes, les miséricordieux ; ceux qu'on n'aperçoit pas, qu'on n'entend pas, qui ne prennent rien sur autrui, mais cèdent du leur ;

ceux qu'on réduit au silence et à la moindre
part ; ceux qui cèdent leur manteau quand on
leur demande leur tunique, qui font avec vous
deux mille pas quand on leur en demande mille,
qui présentent la joue gauche quand on les
frappe sur la joue droite ; en un mot, les *pauvres d'esprit, les humbles et les petits*, comme
les appelle le Christ ; les enfants purs qui n'ont
pas encore d'égoïsme ; les femmes qui ne savent qu'aimer et souffrir ; les nobles et saints
jeunes hommes, sans haine et sans défiance,
dont le sang est prêt à couler pour la justice et
pour la vérité ; les vierges qui n'aiment que
Dieu ; les malades qui souffrent et qui prient
en silence ; les vieillards qui se calment et se
recueillent peu à peu vers le fond de la vie ;
les moribonds qui agonisent entre la vie présente et la vie éternelle ; les morts enfin, les
morts surtout, qui ont repris en Dieu toutes les
forces et toutes les énergies de la vie, et dont
l'inspiration secrète, unie à celle de Dieu, parle
aux vivants, dans la substance de l'âme, un
mystérieux langage à la fois divin et humain :
voilà les âmes dont le faisceau forme l'assemblée sainte, l'éternelle et universelle société

des volontés qui veulent ensemble et avec Dieu, et des esprits qui pensent à l'unisson dans la lumière de Dieu.

D. Je voudrais croire ces choses.

R. Quoi! ne savez-vous pas que lorsqu'une foule est rassemblée dans un théâtre, et que de sublimes sentiments se déploient sur la scène, les esprits s'électrisent par le nombre, se multiplient par le contact, et que l'enthousiasme s'accroît avec la masse, chacun sentant par l'âme de tous? Mais s'il en est ainsi sous la parole creuse d'un acteur et sous la fiction dramatique, que sera-ce sous la parole et sous l'inspiration de Dieu, pour tous ceux qui l'écoutent, en face du drame vivant du monde? Est-ce que le globe n'est pas notre théâtre? N'y sommes-nous pas rassemblés comme une foule, pour le commun spectacle de la vie, et notre terre est-elle si grande que nous ne soyons tous assez près l'un de l'autre pour nous toucher dans l'électricité toute puissante du souffle de Dieu?

Voilà la vie commune des âmes en Dieu; voilà la vie commune des âmes dans l'Eglise catholique. C'est ce qu'elle nomme dans son *Credo* « la communion des saints ; » en d'autres termes, c'est l'âme du monde moral, dont l'Eglise parle quand elle dit : « Tous les justes, les justes seuls appartiennent à l'âme de l'Eglise. »

D. Admettons, ce qui après tout est certain, si l'âme est immortelle et capable de l'infini, et si Dieu est vivant et présent, admettons cette union des âmes, qui nous dit que l'Eglise catholique représente cette divine société ?

R. Cette éternelle et universelle société qui vit au sein du genre humain, ou elle n'est pas représentée par un organe et par une société visible, ou bien elle est représentée par l'Eglise catholique. L'Eglise catholique toute seule prétend représenter cette divine société, une, sainte, universelle, éternelle, immortelle, infaillible. Donc elle la représente en effet, à moins qu'on ne suppose que Dieu tient la lumière sous le boisseau, et empêche de sortir des catacombes de l'invisible l'éternelle religion, qui est aussi l'éternelle société.

D. Mais si l'Eglise catholique représente la société céleste des âmes et des esprits, qu'en devons-nous conclure pour le progrès des sociétés terrestres ?

R. Il en faut manifestement conclure qu'on ne peut rien, pour le progrès, contre l'Eglise catholique ou sans elle, et que, pour élever de siècle en siècle et d'âge en âge la société locale et temporaire, il faut tendre la main à l'éternelle et universelle société, qui n'est pas un autre peuple dans chaque peuple, mais qui est le fond sympathique et commun de tous les peuples frères, qui est l'ensemble et la communauté de tous les bons, le vrai peuple souverain du globe, dont la voix est la voix de Dieu.

Lyon. — Impr. de Félix Girard, grande rue de la Guillotière, 245.

TABLE DES MATIÈRES.

FIN DE LA TABLE.